마음속 평화를 찾기를 바라며

_____ 님에게 드립니다.

일상으로서의 명상

일상으로서의 명상

현생에 지친 당신을 위한 가장 쉬운 명상 입문서

앤 스완슨 지음 | **심태은** 옮김

시그마북스
Sigma Books

CONTENTS

01

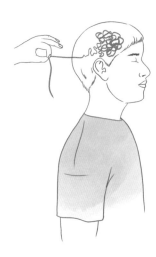

03

04

서문

나는 30년 전에 스포츠 부상을 겪었고, 물리 치료사의 조언에 따라 요가 수업을 들었다. 당시에는 요가나 명상을 하는 사람이 많지 않았고, 대부분 사람은 이를 낯설고 신비한 수련 정도로 생각했다.

요가 수업의 마지막에는 항상 10분간의 명상 시간이 있었다. 처음에는 명상 수련에 거부감이 들어서 선생님의 지시를 따르기보다는 그냥 앉아서 해야 할 일을 생각했다. 그러던 어느 날, 명상을 한번 시도해봤고, 단 10분의 명상이 기분과 평정심에 얼마나 큰 영향을 줄 수 있는지 알게 되었다. 내 감정을 더 잘 알 수 있게 되었고, 다른 사람이 하는 말에 귀를 더 잘 기울일 수 있었다.

명상이 이렇게 심오한 결과를 가져다줄 수 있다는 사실에 흥미가 생긴 나는 명상이 어떻게 작용하는지 과학적으로 알아보는 연구를 하기로 마음먹었다. 지난 25년간, 전 세계적으로 명상이 신체와 정신 건강에 미치는 다양한 이점과 집중력, 정신적 명료함, 기억력, 복잡한 인지 과제에 미치는 영향을 보여주는 연구가 폭발적으로 이루어졌다. 또한

연구를 통해 명상이 감정적인 행복감을 증진하고 인간관계의 질을 높여준다는 사실도 밝혀졌다. 이 책에서는 고대 수련법인 명상을 이해하기 쉽게 설명하고, 가장 관련성이 높은 연구도 살펴보면서 여러분이 일상에서 명상을 수련할 수 있도록 하고자 한다.

명상에 관한 책 대부분에서는 매일 가만히 앉아서 30~60분 정도 호흡에 집중하는 공식 명상법을 제시한다. 이 책의 목표는 현대 사회를 사는 여러분이 적용할 수 있는 다양한 명상 기법을 소개하는 것이다. 앤은 여러분이 하루를 보내면서 전략적으로 활용할 수 있는 다양한 짧은 명상 수련법을 소개하고, 마음챙김과 명상 기법을 일상생활에 적용하는 실용적인 조언도 해줄 것이다.

개인적으로 이렇게 짧지만 목표가 분명한 명상 수련으로 큰 효과를 보았고, 여러분도 그렇게 되기를 바란다.

사라 라자르 박사
하버드 의과대학, 매사추세츠 제너럴 병원
명상·요가 연구자

고대의 지혜부터
앱과 AI까지

명상이 두렵게 느껴지는가? 속으로 너무 많은 생각이 들어 명상을 포기해야 할 것 같은가? 명상할 시간이 없다고 느낀 적이 있는가? 나는 현실에서 적용할 수 있는 명상을 다룬 이 책을 통해 여러분들이 (비유적으로, 또한 말 그대로) 마음을 바꿀 수 있기를 바란다.

나는 영적 지도자인 구루가 아니다. 수도승이나 수녀도 아니고, 그랬던 적도 없다. 유명인이나 인플루언서도 아니다. 나는 그저 이따금 사회 불안을 겪고 청소년기부터 만성 관절통에 시달리며, 의료 시술을 너무나 두려워해서 기절하기까지 하고, 그 외에도 현실에서 여러 문제를 겪는 평범한 사람이다. 이제부터 내가 여러분의 명상 선생님이 되겠지만, 나는 원래 '침착한' 사람이 아니다. 명상은 꽤 단순해 보이지만, 명상 수련을 꾸준히 하기란 결코 쉬운 일이 아니다. 내가 처음으로 명상 리트릿을 떠난 것이 열아홉 살 때였는데, 그때 나와 내 친구는 침묵하겠다는 맹세를 깨고 밤을 틈타 도망쳤다!

장기간의 리트릿이나 하루에 한 시간, 고요히 앉아서 명상하라는 지속하기 어려운 과제는 시작하기도 어렵게 느껴졌지만, 나는 그때의 무모한 리트릿 이후로 일상의 여러 문제를 극복하는 과정에서 명상 기법을 종종 활용했다. 번아웃, TV 몰아보기, 가면 증후군, 무의식적인 웹페이지 스크롤 등은 고대부터 있던 문제가 현대식으로 나타나는 것이다. 고대인들이 고통을 해결하기 위해 명상이 필요하다고 느꼈다면, 지금 우리에게 가장 필요한 것이야말로 명상이 아닐까 한다.

다행히도 현대 기술을 통해 안내가 포함된 명상을 손가락 또는 음성으로 구동할 수 있다. 지금도 내가 "알렉사, 명상할 줄 아니?"라고 물으니, 알렉사는 어떻게 명상하는지, 이완하는 방법까지 제시했다. 오랜 시간 명상이 명맥을 유지하면서 많은 사람이 수련했던 이유는 그만큼 효과적이기 때문이다.

명상의 부작용이라고 할 만한 것이 있다면 창의성, 생산성, 명료성일 것이다. 그러나 명상의 수련 과정에서 약속된 더 심오한 것이 있다. 누군가는 깨달음 또는 신과의 합일이라고도 하는 더 높은 해방 상태로 가는 것이다. 애초에 명상은 이런 상태에 이르기 위해 개발되었다. 한때 나는 낮에 침대 밖으로 나오기 힘들고 밤에는 잠을 이루지 못하는 우울한 시기를 겪었다. 그런데 아주 간단한 행동으로 엄청난 변화를 만들었다. 바로 스마트폰에서 지메일이나 인스타그램 아이콘을 생각 없이 누르는 습관을 버린 것이다. 이를 위해 스마트폰 바탕 화면에 다양한 명상 앱 바로가기를 설정했다.

편안한 10분 명상 한 번이 다음 명상으로 이어졌다. 도파민과 세로토닌 분비로 기분과 마음 상태가 더 나아지면서 계속해서 명상 앱을 열게 되었다. 이를 통해 어려운 시기에도 마음만은 가볍게 유지할 수 있었다. 이때부터 나는 '명상 마라톤'을 시작했다. 사람은 자기 파괴적이고 건강하지 못한 패턴에 빠질 수 있는 것처럼, 건강을 증진하는 사이클로 들어가서 그 추진력을 이어가는 행동을 시작할 수도 있다. 곧 나는 자연스레 권장 시간만큼 명상하고 설거지와 같이 단순한 일상 활동에도 마음챙김을 적용할 수 있었다.

지난 20년간, 하버드의 신경과학자 사라 라자르 박사와 그의 팀은 명상이 어떤 작용을 하는지 알아보기 위해 명상가의 뇌를 살펴보았다. 라자르 박사의 획기적인 연구에 따르면 명상을 함으로써 뇌에 일반적인 노화 관련 기능에 저하가 일어나는 것을 방지할 수 있다고 한다. 또한, 단 8주의 명상 수련으로도 뇌가 바뀔 수 있음을 증명했다. 연민과 공감에 관한 최근 연구에서는 명상이 정신 건강과 웰빙을 증진하는 가능성을 조명한다. 이 책에서 다루는 최신 신경과학 내용에 관해 조언해 준 라자르 박사에 감사드린다.

이 책은 그저 또 하나의 자기계발서가 아니다. 이 책은 자기 마음과 친해지기 위한 자기 연민서다. 또한 간단한 명상 기법으로 사회적 어색함, 시험 불안, 가족 모임 등 실제 상황에서 어떻게 하면 좋을지에 관한 실용적인 안내서다. 이 책을 읽으면서 즉각적인 효과를 볼 수 있는 실용적인 기법을 따라 함으로써 더 많이 명상할 수 있길 바란다. 그리고 언젠가는 명상 마라톤으로 어려운 시기를 헤쳐 나갈 수도 있게 되길 바란다.

앤 스완슨
요가 테라피 석사, LMT, C-IAYT, ERYT500

CHAPTER 1

명상의
작용 원리

스스로 '왜 명상 수련을 하려고 하는가?'라는 중요한 질문을
던져보자. 왜 이 책을 읽기로 했는가? 이완이 목표인가?
불안이나 고통에서 벗어나고 싶은가? 또는 생산성을 개선하거나
잠을 더 잘 자고 싶은가? 아니면 그보다 더 심오한 깨달음을
얻고자 하는가? 명상을 통해 이 모든 효과와 더 많은 이점을 누릴
수 있으며, 내가 되고자 하는 사람이 될 수 있다.

이번 장에서는 명상이 무엇인지, 누가 명상을 해야 하며,
언제 수련하는 것이 가장 좋고, 수련 장소는 어디가 좋은지 살펴보겠다.
또한 명상이 현실을 헤쳐 나가고 자신을 비롯해
타인과 더 깊은 관계를 맺기 위해 가장 중요하게 습득해야 하는
스킬인 이유에 관해서도 다루겠다.

이 책을 과학에 근거한 명상의 작용 원리를 정리한 개요이자
명상 수련법을 다룬 사용자 친화적인 가이드라고 생각하면 좋겠다.
현재 명상의 건강상 이점을 조명한 논문이 수천 개에 달하는데,
이 책을 통해 명상 수련에 관한 연구도 접하게 될 것이다.
우선은 명상에 관해 가장 자주 하는 질문을 다루어보겠다.

명상이란 무엇인가?

명상이란 편안한 상태에서 내 주의와 의식을 현재의 순간에 집중해
명확성과 감정의 안정성을 증진하는 수련 방법이다.
명상을 통해 편안하고 열린 마음, 호기심, 수용하는 마음, 연민, 상냥함을 기르고,
이를 자신과 타인에게 적용할 수 있다.

명상에는 일상적으로 쓰는 집중력과는 다른 유형의 집중력이 필요하다. 우리는 보통 업무 프로젝트나 목표지향적인 일을 마주하면 구체적인 결과를 내기 위해 분석하고 평가하며 판단한다. 그렇지만 명상에는 이기거나 성공해야 한다는 압박감이 없다. 스스로 관점을 키워 나가는 더 부드러운 유형의 집중력이 필요하다.

많은 사람이 생각하는 것과는 달리, 명상은 자신의 문제를 모두 제거하고 항상 평화로운 상태를 유지하는 것이 아니다. 또 수도원이나 사원의 수도승만을 위한 것도 아니다. 그보다는 실용적이고 일상적인 세상에 훨씬 굳건하게 뿌리를 내린 것이 바로 명상이다. 이 책에서는 구체적인 명상 기법과 함께 다양한 치유 도구와 생활 방식에 관한 팁을 제시해 현실에서의 여러 상황을 헤쳐갈 수 있도록 돕고자 한다.

명상은 세계관과 내가 나 자신과 맺는 관계를 변화시킨다. 단조로운 일상에서 벗어나 내 생각을 마주하고, 여기에 집중하면서도 상냥한 방식으로 관찰할 수 있다. 명상을 통해 '어떻게 될 수 있는지'가 아니라 '지금 어떤지'에 주의를 집중하도록 훈련할 수 있다. 호흡, 주변의 소리, 또는 발을 딛고 선 땅에 의식을 집중할 수 있다. 의도를 가지고 집중하는 것은 수련을 통해 얻을 수 있는 스킬이다. 독서처럼 명상도 타고나는 것이 아니라 배워야 하는 것이다. 명상을 설명할 때 뇌를 위한 운동이라는 표현을 많이 쓰는데, 명상의 이점은 단순히 신체적인 것뿐만 아니라, 관계 개선부터 새로운 가능성을 자각하게 하는 등 개인의 삶까지 확장된다.

명상은 뇌를 위한 운동이다.

명상은 어떻게
수련해야 하는가?

스스로 명상가라고 하려면 매일 아침 한 시간 동안 가부좌를 틀고 바닥에 앉아 있어야 한다고 생각할 수 있지만, 사실은 그렇지 않다. 명상에 어느 한 가지의 "올바른" 방법이 있는 것은 아니다. 개인에게 맞춘 무수히 많은 명상 방법이 존재하며, 그렇기에 현대인의 삶에서도 쉽고 실용적으로 수련할 수 있다. 바닥이나 책상에 앉아서 명상할 수도 있고, 걷거나 버스 안에서도 할 수 있으며, 침대에 누워 이완할 수도 있다. 거의 언제 어느 때나 할 수 있는 것이다. 결국, 가장 좋은 명상 방법은 자기의 고유한 생활 방식에 맞고 즐길 수 있는 것이다.

명상은 종교 활동인가?

어느 종교를 믿어야만 명상을 할 수 있는 것은 아니다. 명상은 포용적인 수련이다. 종교나 관점과 상관없이 누구나 명상의 이점을 누릴 수 있다. 역사적으로 보면 명상은 많은 종교·철학적 전통(주로 힌두교, 불교, 도교, 자이나교)과 연관되어 있다. 이뿐만 아니라 기독교와 유대교의 찬팅과 특정한 기도 유형, 이슬람교 기도에서 나타나는 의식적인 움직임 등 다른 종교에서도 명상 수련을 볼 수 있다. 1970년대에 서양의 연구자들(존 카밧-진, 허버트 벤슨 포함)은 명상을 세속적인 방식으로 수련할 수 있음을 깨달았으며, 이를 통해 스트레스와 고통의 감소 등 생리학적으로 유익한 변화가 있음을 증명했다.

명상은 영적인 활동인가?

명상은 영적인 활동일 수도 있고, 아닐 수도 있다. '영적'이라는 말은 사람마다 다른 의미로 받아들일 수 있다. 어떤 사람은 영성을 (종교적이든 아니든) 신적인 존재와의 연결성으로 규정한다. 그런가 하면 영성을 자연과 합일되는 느낌으로 보는 사람도 있는데, 명상은 확실히 자연과의 연결성(153페이지 참조)을 강화하고 우리의 진정한 본성을 깨닫는 데 도움을 준다. 분명한 것은 명상이 진정한 변화를 끌어낼 수 있다는 점이다. "명상이 내 삶을 바꾸었다"거나 "명상이 내 삶을 구원했다"는 말을 많이 들을 수 있다. 명상은 삶에 관한 관점을 완전히 뒤바꾸어 더 심오한 의미와 목표로 나아갈 수 있게 해준다.

명상은 삶에 관한 관점을 완전히
뒤바꿀 수 있다.

명상은 생각을 멈추는 것이다

명상이란 생각을 완전히 멈추는 것으로 생각하는 사람이 많은데, 사실은 그렇지 않다. 많은 명상 방법에서는 마음속에서 일어났다가 사라지는 생각을 그저 바라보라고 한다. 마치 구름이나 거품이 지나가는 것을 바라보면서 그 바탕이 되는 광활하고 맑고 푸른 하늘이 있음을 인식하는 것처럼 말이다. 생각에 몰두하게 되어 과거나 미래에 관해 마음속으로 생각해보는 일은 매우 자연스러운 것이다.

사실 일각에서는 정신적으로 "시간 여행"하는 능력을 인간의 고유한 능력이라고 본다. 이런 분석과 계획을 가능하게 하는 것이 이마앞엽 겉질(전전두엽 피질)인데 인간은 다른 생물종보다 비교적 더 크다. (명상 시 뇌가 어떻게 작용하는지에 관해서는 38페이지 참조)

자연스러운 마음방랑은 걱정할 필요가 없다. 가장 뛰어난 수준의 명상가조차 다른 생각에 빠지게 된다. 물론 일반인보다는 덜 자주 겪겠지만 말이다. 다른 생각이 든다고 해서 명상을 잘 못한다는 의미는 아니다. 그 대신, 이를 현재로 되돌아오는 수련의 기회로 삼는 것이 좋다. 마음을 완전히 정복하거나 통제하려 하기보다는 나의 마음과 더 친해지는 계기로 보면 된다.

다양한 명상 기법에는
어떤 것이 있는가?

전 세계적으로 다양한 명상 전통과 수련법이 있으며,
역사가들은 명상의 기원이 수천 년 전으로 거슬러 올라간다고 한다.
명상에는 여러 유형이 있으며,
여기에 다 소개하기 어려울 만큼 다양한 수련 기법을 활용한다.

어떤 명상 기법에서는 외부적인 행동이나 경험 한 가지에 집중하도록 한다. 예를 들면, 단어를 반복한다거나(만트라), 촛불을 바라본다거나, 의식적으로 소리를 듣는 것이다. 다른 기법에서는 내부적인 경험, 즉 생각의 흐름이나 신체의 감각 등에 집중한다. 명상 기법에 따라 저마다의 효과가 있으며, 가장 인기 있는 기법 중 하나는 바로 마음챙김(mindfulness)이다.

마음챙김이란 무엇인가?

마음챙김이란 내적인 상태와 주변을 인식하는 것을 포함해 지금 일어나는 일에 주의를 기울여 의도적으로 현재에 머무는 수련 방법이다. (우리 마음이 훈련된 대로) 분석하거나 판단하기보다는 생각, 감정, 신체적 감각, 호흡, 소리, 기타 현재 경험하는 요소 등 현재 일어나는 일에 부드럽게 의식을 다시 집중해 그저 바라보는 것이다.

마음챙김은 음식을 먹을 때나 이를 닦을 때 등 언제 어느 상황에서도 가능하다. 그러나 스트레스가 많아지면 마음챙김을 하기가 어려워진다. 공식적인 마음챙김 명상 수련은 일상에서의 마음챙김 스킬을 강화할 수 있다. 악기를 연습하면 연주 실력과 질이 향상되어 더 나은 공연을 할 수 있는 것처럼 말이다. 마음챙김 명상을 수련하려면 시간을 내어 호흡처럼 현재의 순간에 있는 대상에 주의를 기울인다. 의식이 자연스럽게 다른 곳으로 흘러가면, 자기 연민을 갖고 의식을 다시 대상에 집중하도록 한다.

마음챙김은 초심자가 접근하기 쉽고, 스트레스 완화 효과(Mindfulness Based Stress Reduction, MBSR) 등의 연구에서 광범위하게 활용되어 인기가 있다. 현대의 마음챙김은 현실의 진정한 본성에 관한 통찰력을 추구하는 위빠싸나(Vipassana) 명상, 즉 "통찰력 명상"에서 주로 유래한다.

마음챙김 프로그램에는 선종(중요한 것에 집중하는 유형의 불교와 명상)의 철학도 내포되어 있다. 또한 MBSR에는 요가와 같은 힌두교에 뿌리를 둔 수련법도 포함하지만 세속적인 방식으로 수련한다. 아래 표에서 마음챙김을 비롯해 다양한 방식의 명상 방법을 볼 수 있다. 여기서 자신에게 가장 잘 맞는 방법을 찾아보면 된다.

다양하게 시도해볼 수 있는 명상 방법

이 표에는 다양한 명상 방법이 나와 있으며, 이 책에서도 모두 살펴볼 것이다.

호흡 알아차리기: 현재에 머무르기 위해 호흡에 집중	**호흡 운동**: 서양에서는 호흡 요법이라고도 하며, 프라나야마에 해당	**몸 알아차리기**: 신체적 감각에 집중
보디 스캔: 몸 전체에 걸쳐 체계적으로 주의를 기울임	**차크라 명상**: 세 번째 눈을 포함하는 신체의 에너지 중심에 집중	**라벨링 또는 메모**: 생각의 범주화
자비 명상(메타): 자신과 타인에 대한 연민 함양	**만트라**: 단어, 구결 소리("옴" 등)의 반복	**의식적인 움직임**: 요가, 태극권, 기공, 춤, 걷기 명상 등이 해당
무드라: 몸이나 손으로 의도적인 형태를 만드는 것	**자유로운 알아차림 또는 자유로운 모니터링**: 광범위하게 변하는 경험의 관찰	**점진적 근육이완법**: 근육의 수축과 이완
성찰: 특정한 주제나 질문에 관해 깊이 사고함	**소리**: 소리를 내거나 듣는 행위 포함	**통렌**: 주고받는 것에 관한 티베트 명상 기법
시각화: 어떤 장면이나 시나리오를 상상함	**요가 니드라**: 수면 상태와 같은 깊은 이완 수련	

명상의 이점은 무엇인가?

명상은 고통을 완화하고 깨달음에 도달하기 위해 개발되었다.
오늘날에는 통증 완화, 기분 개선, 집중력과 성과 최적화, 전반적으로 더 나은 삶 등을 위해
명상을 활용한다.

이 책에는 여러 기법을 통해 일상생활에 명상을 적용하고 수련 습관을 길러, 현실에서 효과를 경험할 수 있도록 안내할 것이다. 삶을 개선할 수 있는 명상의 이점을 몇 가지 살펴보자.

기분 조절: 명상은 불안과 우울 증상을 완화하고 행복과 연민에 관한 감정을 높이는 데 도움이 된다.

스트레스 회복탄력성: 명상은 혈압이 높아지는 상황에서 신경계를 조절하는 데 도움이 된다.

통증 완화: 명상은 관절염 같은 만성 통증을 완화해 자기가 즐기는 활동을 할 수 있도록 한다.

심장 건강: 명상은 혈압을 낮추고 심박수를 늦추는 등 여러 방법으로 심혈관 건강을 증진한다.

염증 감소: 명상은 혈중 염증 지표를 줄이고 염증 관련 유전자의 활동을 억제해 질병의 증상을 완화하고 질병을 예방할 수 있다.

면역: 명상은 면역 체계가 몸에 침입한 박테리아, 바이러스와 싸우는 능력을 증진해 병에 걸리지 않도록 도와줄 수 있다. 또한 아플 때에도 명상을 하면 회복에 도움이 된다.

중독 회복: 명상은 삶에서 더 나은 선택을 할 수 있게 하고 약물 남용을 예방하고 중독에서 회복하는 것을 지원할 수 있다.

집중력, 인지력, 기억력: 명상은 집중력 조절, 문제 해결 능력, 작업 기억을 개선한다.

성과: 명상의 부작용에는 사람들이 상상하는 것 이상으로 업무와 스포츠에서 더 나은 성과를 얻는 것이 있다.

창의력: 명상은 창의적인 사고와 문제 해결 능력을 향상한다.

나는 이미 명상을 하고 있는가?

명상은 특정한 방식으로 집중하는 행위이지만,
다른 행동으로도 뇌가 명상할 때와 비슷한 상태나
집중력 수준(완전히 같지는 않음)에 이를 수 있다.

기도도 명상인가? 최면은 어떤가? 악기를 몰입해 연주하는 상태라면? 아마도 이런 점들이 궁금할 것이다. 제대로 된 명상이라고 하기는 어렵지만, 이 모든 활동은 명상 요소를 갖춘 활동이다.

몰입 상태

심리학자들이 '몰입'('존에 들어갔다'고 하는 것과 비슷)이라고 부르는, 극도의 집중 상태를 이룰 수 있는 활동은 명상 외에도 매우 많다. 몰입은 현재 하는 활동(피아노 연주, 예술 작품 작업, 캐비닛 정리 등)에 완전히 빠진 상태를 말한다. 몰입 상태와 명상 모두 뇌파가 사고와 대화와 연관된 베타파에서 이완과 창의성과 연관된 알파파와 세타파로 바뀐다.

명상을 일종의 몰입 상태로 볼 수 있지만, 그렇다고 모든 몰입 상태가 명상은 아니다. 춤에 몰입한 경우에 활성화되는 뇌의 부분과 앉아서 명상할 때 활성화되는 뇌의 부분은

서로 다르다. 따라서 몰입 상태는 명상이라기보다는 의식적 또는 명상적인 상태에 있다고 설명하는 것이 더 맞다.

기도

기도는 많은 면에서 명상과 비슷하지만, 뇌에서 활성화되는 부분이 서로 다르다. 기도가 신 또는 신적인 존재와 대화하는 것이라면, 명상은 경청을 수련하는 것이라고 할 수 있다.

신경신학이라는 새로운 학문 분야에서는 기도의 힘을 비롯해 명상과 다른 점을 연구한다. 신경신학 연구자인 앤드루 B. 뉴버그 박사에 따르면 기도할 때의 뇌 활동은 다른 사람과 대화하는 것과 비슷하다고 한다. 반면, 명상할 때는 뇌가 시각화에 더 가까운 활동을 하며 시각 정보를 처리하는 영역이 활성화된다.

최면

최면 체험에는 (명상과 같은) 주의력 집중과 (명상과는 달리) 취해야 할 행동이 제시되면 즉각 반응하는 경향이 있다. 명상 중에는 인지(또한 인지하고 있다는 자각) 수준이 매우 높다. 그러나 최면 상태에서는 언제나 완전한 인지 수준이 유지되지 않는다. 일부 자가 최면 방법에 명상 기법이 포함되고, 일부 명상법에 최면 성격이 있는 것으로 설명되어 서로 겹치는 부분이 있지만, 최면이 곧 명상은 아니다.

비수면 깊은 휴식

선다 피차이 구글 CEO는 앉아서 하는 기존의 명상을 하기 어려워서 비수면 깊은 휴식(Non-sleep Deep Rest, NSDR)을 통해 수면 부족을 해소하고 집중력을 향상한다고 한다. NSDR은 스탠포드 신경과학자 앤드루 D. 후버만 박사가 고안한 용어다. 수면 상태와 비슷하며, 깊은 이완과 수면에 관련된 뇌파가 나타나는 것이 특징이다(40페이지 참조).

요가 니드라 같은 안내가 포함된 명상과 일부 최면 기법을 통해 이런 상태를 유도할 수 있다. 어떤 사람이 NSDR을 수련한다고 하면 대개는 '요가식 수면'을 의미하는 요가 니드라 수련을 말하는 것이다. 보통 누워서 20분 정도 깊은 이완을 유도한다. 의도 설정, 보디 스캔, 호흡 의식, 숫자 세기, 시각화 등이 포함된다(170페이지 참조).

자율감각쾌락반응

자율감각쾌락반응(Autonomous Sensory Meridian Response, ASMR)은 리듬감 있게 속삭이는 목소리나 일정한 패턴의 소리 등 특정한 자극에 노출되었을 때 목과 머리 쪽에서 느끼는 들뜨는 감각을 말한다. 어떤 사람은 가볍게 '머리의 오르가슴'이라고 부르기도 한다.

이 현상을 몰입 상태와 연관 지은 2015년의 첫 연구를 비롯해 ASMR에 관한 연구는 그리 많지 않다. 2018년 연구에서는 ASMR과 마음챙김의 공통점을 몇 가지 설명했지만, ASMR은 엄격히 말해 명상이 아니다. 그러나 명상에는 ASMR 반응을 유도하는 요소가 있을 수 있다. 연구의 수는 적지만, 전 세계적으로 유튜브에서 다섯 번째로 많이 검색되는 단어가 바로 ASMR이다. 사람들이 현실적인 (그리고 과학적으로 근거가 있는) 이점을 알게 되어 명상이 ASMR을 따라잡게 되기를 바란다.

명상 클럽에 함께하기

이 클럽이 회원제는 아니지만, 여러분도 아는 사람이 꽤 있다.
오프라부터 비틀즈까지 수많은 유명 인사와 CEO, 프로 운동선수, 저명한 과학자 등
많은 사람이 명상의 이점을 체험한 후부터는 바쁜 일과 중에 시간을 내어 명상을 수련한다.

명상에 관한 연구가 많아지면서 명상 수련도 점점 인기를 얻고 있다. 총리가 6월 21일을 세계 요가의 날로 제정한 인도 같은 곳에서는 오랜 세월 명상이 주류를 차지했지만 말이다. 그러나 명상이 전 세계적으로 인기를 얻은 것은 지난 10~20년 전부터였으며, 주류 문화에 많이 융합되었다.

베트남의 틱낫한 스님이 쓴 『삶의 지혜』나 독일 작가 에크라르트 톨레가 쓴 『지금 이 순간을 살아라』, 미국 연구자 존 카밧진의 『왜 마음챙김 명상인가?』 등 명상과 마음챙김에 관한 책이 지난 몇십 년간 종종 베스트셀러로 자리했다.

일본 작가 무라카미 하루키의 소설 등 인기 소설과 〈매트릭스〉, 〈스타워즈〉 같은 영화도 명상과 불교 또는 힌두교 철학을 주제로 해석하는 경우도 많다. 실제로 조지 루카스 감독은 40년 넘게 명상을 수련한 것으로도 유명하다.

시간이 없다면?

여러분만 그런 것이 아니다. 그리스계 미국인 작가 아리아나 허핑턴은 '하이이그지스턴스(HighExistence)'라는 웹사이트에 "명상을 '하는 것'이라고만 생각해서 명상할 시간을 내기가 항상 어려웠다. 무언가 부담되는 일을 또 '할' 시간도 없었다. 다행스럽게도 어느 날 한 친구가 우리가 명상을 '하는 것'이 아니라, 명상이 우리로 하여금 '하게' 한다고 알려 주었다. 그러면서 명상에 대한 내 마음의 문이 열렸다"라고 썼다.

마찬가지로, 작가인 엘리자베스 길버트도 『먹고 기도하고 사랑하라』에서 묘사한 인도 묵언 명상 리트릿 이후에 꾸준한 명상 수련 습관을 기르는 데 20년이 넘게 걸렸다고 한다. 마이크로소프트 공동 창립자 빌 게이츠, 가수 리키 마틴, 배우 엠마 왓슨 등 많은 이들이 그랬듯이 길버트도 편리하게 이용할 수 있는 명상 앱 덕분에 마침내 명상 습관을 익힐 수 있었다. 배우 드류 베리모어는 자기 옷장을 명상실로 만드는 색다른 시도를 했다.

이렇게 명상 전용 공간을 만드는 것은 수련 동기를 부여할 뿐만 아니라, 그 결과도 값지다. 일상생활에서 꾸준한 명상 수련 습관을 만드는 자세한 방법은 28페이지를 참조하길 바란다.

현실에서는
어떤 이점이 있는가?

본래 명상의 목적은 아니지만, 명상의 대표적인 부작용에는 성과 개선이 있다. 팀 페리스는 2016년에 저서 『타이탄의 도구들』에서 "내가 인터뷰한 세계적인 공연가의 80% 이상이 매일 어떤 형태로든 명상이나 마음챙김 습관을 갖고 있었다"라고 썼다. 그리고 이 외에도 수많은 유명인의 사례가 이를 증명한다.

역사상 가장 위대한 농구선수인 마이클 조던은 코트 위와 삶에서 집중할 수 있도록 도와주는 마음챙김 코치를 따로 두었다. 〈피아노〉로 아카데미상을 받은 영화감독 제인 캠피온은 요가와 명상으로 불안과 충동을 관리할 수 있었다고 했다. 또한 〈뉴욕타임스〉 선정 베스트셀러 작가인 마리 폴레오는 "명상하는 시간이 많아질수록 시간이 더 많아졌습니다… 모든 것이 단순하게 느껴졌죠"라며 자신의 ADHD를 다스리는 데 명상이 얼마나 도움이 되었는지 설명했다.

캐나다 테니스선수인 비앙카 안드레스쿠는 청소년기에 명상을 시작했다. 그는 2019년에 세레나 윌리엄스를 상대로 거둔 깜짝 승리를 시각화 명상 기법 덕분이라고 했다. 세르비아 테니스 챔피언 노박 조코비치는 명상 루틴을 "하루 중 중요한 일과이며… 기분을 좋게 만들어줍니다"라고 말했다. 세계에서 가장 성공한 사람들이 명상을 강력하게 추천한다고 해서 명상 수련에 큰돈을 들이거나 인증서를 받아야만 하는 것은 아니다. 명상을 일상생활에 접목하는 것으로 모든 사람이 명상의 효과를 누릴 수 있다.

명상하는 시간이 많아질수록 시간이 더 많아졌습니다.

어떻게 시작해야 하는가?

이 책에서 살펴보겠지만, 일상생활에서 명상하는 방법은 여러 가지가 있다.
시간대, 장소, 명상 지속 시간 모두 자유롭게 정해 시작하면 된다!
명상을 시작하기 위한 몇 가지 팁을 소개한다.

명상을 처음 시작하는 사람이라면 무엇을 어떻게 해야 하는지를 많이 궁금해할 것이다. 여기서는 명상을 시작하는 데 도움이 되는 몇 가지 공통적인 질문을 짚고 넘어가도록 하겠다.

언제 명상을 하면 가장 좋은가?

많은 사람이 아침에 상쾌한 마음으로 명상을 수련하는 게 더 쉽다고 느낀다. 하루를 시작하면서 몸과 마음을 최선의 상태로 준비할 수 있도록 요가나 태극권 등 의식적으로 몸을 움직인 다음에 명상하는 것이 이상적이다. 그렇지만 하루 중 명상하기 가장 좋은 때는 나에게 가장 편한 시간이다. 그래야 실제로 명상을 수련할 수 있기 때문이다.

커피를 내리거나 차를 우리는 동안에는 앉아서, 오후의 휴식 시간에는 에너지를 리셋하기 위해 누운 자세로(170페이지 참조) 명상할 수 있다. 또는 식사 전에 짧게 감사하는 마음에 집중하는 것으로 명상할 수도 있다(114페이지 참조). 많은 사람은 잠에 들기 전 이완 루틴으로 명상을 활용한다. 전문가들

에 따르면 명상 등의 습관을 기르는 가장 좋은 방법은 이미 하는 활동과 묶어서 하는 것(방법에 관해서는 28페이지 참조)이다. 이제 명상을 내 생활의 어느 부분에 넣을 수 있는지 생각해보자.

얼마나 오랫동안 해야 하나?

일부 연구에서는 하루에 5~10분의 명상으로 사람이 어떻게 느끼는지가 바뀔 수 있다고 한다. 여러 명상법에서는 하루 한 시간 정도의 명상 수련을 추천하지만, 그 정도로 명상할 수 있으려면 대체로 수년에 걸친 수련이 필요하다. 그러니 5~10분 정도로 부담 없이 시작해 15~20분까지 명상 시간을 늘려보자. 하루 중 단 1분이라도 티끌이 모여 태산이 되듯 그 효과도 누적된다.

어떤 자세로 명상해야 하나?

명상 지세라고 하면 흔히 바닥에 양반다리를 하고 앉는 것을 많이 생각한다(옆의 그림 참조). 그러나 양반다리 자세가 불편한 사람도 많다. 가장 좋은 명상 자세는 자기에게 가장 편안하고 쉬운 자세다. 명상 좌법에도 여

러 가지가 있다. 무릎을 꿇거나, 쿠션 위에 앉거나, 의자에 앉을 수도 있고, 아예 바닥에 앉지 않는 방법도 있다. 여러 가지 방법을 모두 시도해보면서 나에게 가장 잘 맞는 방법을 찾으면 된다.

편한 자세(수카사나)

편한 자세라는 의미의 수카사나는 명상을 생각할 때 가장 많이 떠올리는 자세다. 바닥에 양반다리로 앉아서 척주를 위로 곧게 세운다. 이 자세는 오늘날 많은 사람이 어려워한다. 특히 종일 책상에 앉아 컴퓨터를 쓰는 사람이라면 더 그렇다. 그렇지만 엉덩이 아래에 베개를 깔거나 벽에 등을 기대는 등 조금 더 쉽게 이 자세에 접근하는 방법도 있다.

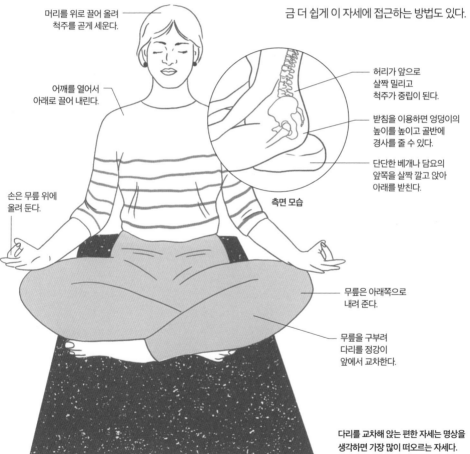

머리를 위로 끌어 올려 척주를 곧게 세운다.

어깨를 열어서 아래로 끌어 내린다.

손은 무릎 위에 올려 둔다.

허리가 앞으로 살짝 밀리고 척주가 중립이 된다.

받침을 이용하면 엉덩이의 높이를 높이고 골반에 경사를 줄 수 있다.

단단한 베개나 담요의 앞쪽을 살짝 깔고 앉아 아래를 받친다.

측면 모습

무릎은 아래쪽으로 내려 준다.

무릎을 구부려 다리를 정강이 앞에서 교차한다.

다리를 교차해 앉는 편한 자세는 명상을 생각하면 가장 많이 떠오르는 자세다.

번개 자세(바즈라사나)

또 다른 전통적인 명상 자세는 무릎을 꿇은 모양새 때문에 '번개 자세'라고 불리는 바즈라사나다. 요가 블록 위에 앉거나, 돌돌 만 담요나 볼스터를 가로로 무릎과 정강이 사이에 끼워서 관절의 압박을 완화하는 방식으로 바즈라사나 자세를 취할 수도 있다.

제대로 알기

명상할 때는 앉아야 한다

앉아서 하는 명상이 불편하다면 다른 선택지도 많다. 서서 하는 명상(163페이지 참조), 누워서 하는 명상(170페이지 참조), 걷기 명상(144페이지 참조) 등 다양하다. 그리고 기분이나 그 순간에 어떤 방법이 효과적인지에 따라 다양한 자세를 원하는 때에 적용할 수 있다.

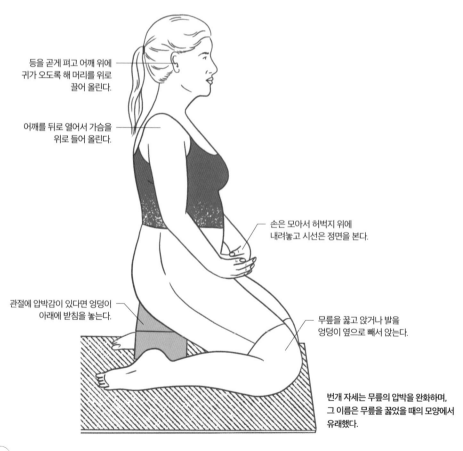

등을 곧게 펴고 어깨 위에 귀가 오도록 해 머리를 위로 끌어 올린다.

어깨를 뒤로 열어서 가슴을 위로 들어 올린다.

손은 모아서 허벅지 위에 내려놓고 시선은 정면을 본다.

관절에 압박감이 있다면 엉덩이 아래에 받침을 놓는다.

무릎을 꿇고 앉거나 발을 엉덩이 옆으로 빼서 앉는다.

번개 자세는 무릎의 압박을 완화하며, 그 이름은 무릎을 꿇었을 때의 모양에서 유래했다.

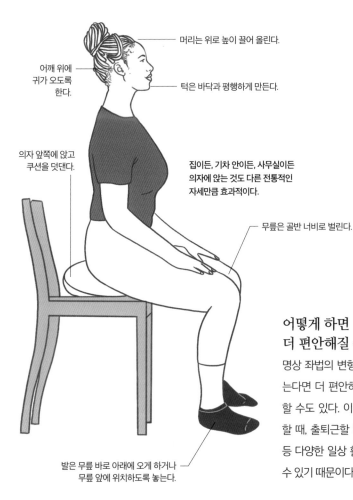

머리는 위로 높이 끌어 올린다.

어깨 위에
귀가 오도록
한다.

턱은 바닥과 평행하게 만든다.

의자 앞쪽에 앉고
쿠션을 덧댄다.

**집이든, 기차 안이든, 사무실이든
의자에 앉는 것도 다른 전통적인
자세만큼 효과적이다.**

무릎은 골반 너비로 벌린다.

발은 무릎 바로 아래에 오게 하거나
무릎 앞에 위치하도록 놓는다.

어떻게 하면
더 편안해질 수 있는가?

명상 좌법의 변형 자세가 자기에게 맞지 않는다면 더 편안하게 의자에 앉아서 명상을 할 수도 있다. 이 자세는 매우 편리하다. 일할 때, 출퇴근할 때, 대기실에 앉아 있을 때 등 다양한 일상 활동에 명상 수련을 접목할 수 있기 때문이다.

매일 의자에 앉아서 하는 명상

명상하는 동안 의자에 앉는 방법은 컴퓨터 작업을 할 때와는 전혀 다르다. 이 방법을 이용하면 키가 커지듯이 앉을 수 있으며, 이메일을 쓰는 동안 종종 등이 굽는 자세가 되는 것을 예방할 수 있다.

사무실을 떠날 수 없다면?
쉬는 시간에 사무실 의자에서
명상을 해보자.

손은 어디에 두어야 하나?

손은 편안하게 느끼는 방향으로 무릎 위에 올려놓으면 된다. 손바닥이 위를 향하게 놓으면 수련에 열린 마음을 더해주고, 에너지도 더 받을 수 있다. 손바닥이 아래를 향하면 조금 더 안정적인 느낌을 얻고 에너지를 차분하게 가라앉히는 효과가 있다.

손으로 특정한 모양을 만드는 것을 무드라라고 부른다. 요가에서 무드라는 손이나 몸으로 특정한 모양을 만들어 에너지를 가두는 것을 말한다. 전통적으로 평화, 이완, 집중 등 정해진 구체적인 의도가 있다. 왼손바닥 위에 오른손바닥이 위로 향하도록 포개어 놓는 바이라바 무드라의 경우, 통일된 감각을 함양하고자 한다. (무드라를 사용한 명상 수련을 알아보려면 77페이지 참조) 또한 무드라에는 혈압을 낮추는 등의 치유력이 있다고도 한다. 연구를 통해 입증되지는 않았지만, 어떤 의도를 정하고 초점을 전환한다면 그런 효과가 생길 가능성도 상당히 높다.

어디를 보아야 하나?

드리시티(drishti)란 내가 응시하는 어떤 한 점을 의미한다. 현재에 머무르기 위해 눈을 뜨고 몇 미터 앞의 바닥에 있는 한 지점을 바라보거나, 눈앞에 있는 촛불이나 산을 바라볼 수 있다(명상 시 시각적인 초점에 관해서는 140페이지 참조). 또는 제3의 눈을 통해 집중력을 높이고 직관력을 키울 수 있다(66페이지 참조). 사무실에 있을 때는 창문 밖의 나무에 집중해볼 수 있다.

꾸준한 습관을 기르려면 어떻게 해야 하나?

꾸준한 명상 습관을 기르기 위한 조언으로, 보통 명상할 특정한 시간대를 선택하라거나 하루에 얼마나 명상할지 목표를 정하라는 것을 생각했을 것이다. 그런 방식이 자기에게 맞는다면 좋지만, 이보다 더 효율적이고 효과적인 방법이 있다.

베스트셀러 『아주 작은 습관의 힘』의 저자인 제임스 클리어는 새로운 습관을 들인 자신에게 집중하라고 말한다. 명상을 수련하면 현재에 더 충실하고, 더 집중하며, 더 이타적이고 평화적인 사람이 될 것이다. 명상으로 인한 변화를 깨닫게 되면 일상생활에서 조금 더 형식을 갖추어 매일 명상 수련을 하고 싶어질 것이다. 단 몇 분이라도 처음에는 부담

제대로 알기

눈을 감아야 한다

눈을 감으면 시야가 차단되어 의식을 내면으로 돌리는 데 도움이 된다. 그러나 이것이 불편하다면 눈을 완전히 (혹은 반만) 뜨고 부드럽게 응시하는 방법도 있다. 눈을 뜬 상태에서 다양한 드리시티를 응시할 수 있다.

없이 시작해 점점 시간을 늘려가거나, 다음에 설명할 습관 페어링 기술을 적용해보자.

습관 페어링

양치를 빼먹은 적이 있는가? 아마도 드물 것이다. 그만큼 깊이 몸에 밴 습관이기 때문이다. 그리고 이를 활용할 수 있다. 연구에 따르면 이미 갖고 있는 습관과 새로운 활동을 함께하면 새로운 습관이 형성되는 데 도움이 된다고 한다. 결국에는 명상을 양치와 같이 아주 일상적인 활동으로 보게 될 것이다. 우선은 이 두 가지 활동을 하나의 이벤트로 묶는다. 일어나서 양치하고 명상하고… 양치하고 명상하고 자러 가는 식으로 말이다. (양치하면서도 의식적으로 명상을 할 수 있다. 134페이지 참조) 기존의 습관과 명상 수련을 페어링하려면 다음을 따라 해보자.

1. 의도 정하기: 마음속으로 외우거나, 종이에 적어서 주방이나 화장실처럼 볼 수 있는 곳에 붙여둔다. 다음 문장을 완성해보자. "나는 [_____] 하기 전에/하고 나서/하는 동안 명상할 것이다." 예시 문장은 다음과 같다. "나는 첫 커피를 마시기 전에 명상할 것이다." "나는 하루 할 일을 쓰고 나서 명상할 것이다." "나는 지는 해를 보는 동안 명상할 것이다."

2. 어느 습관과 명상 수련을 묶을지 정했다면, 이 책에서 간단한 명상법 하나를 선택한

다. 숨을 길게 내쉬는 호흡법(51페이지 참조)에서 시작해도 좋고, 시각적인 것(140페이지 참조) 또는 소리(137페이지 참조)에 집중해도 좋다. 수련을 쉽게 만들어 장벽을 뛰어넘도록 한다. 예를 들면, 이 책을 침대 옆 탁자에 두거나, 스마트폰 첫 화면에 명상 앱을 깔아 놓거나, 수련을 도와줄 파트너를 구하는 것도 방법이 될 수 있다.

3. 습관이 형성되지 않으면 다시 평가한다. 이렇게 묶은 것이 최선이었는지, 아니면 다른 새로운 방법을 시도해볼 것인지 생각해본다. 잠시 멈추어서 성찰하고 방법을 다듬는다. 시간이 필요하다는 점을 명심하자.

습관을 형성하는 데 얼마나 걸릴까?

습관을 형성하는 데 21일, 30일, 또는 66일이 걸린다는 이야기를 들어보았을 것이다. 그러나 제임스 클리어는 "가장 솔직한 답은 바로 '평생'이다. 어떤 습관을 더 이상 실천하지 않는다며, 그것은 더 이상 습관이 아니기 때문이다. 습관은 도달해야 하는 결승선이 아니라 실천해야 하는 생활방식이다"라고 말한다. 본질적인 '나'를 바꾸지는 않지만, 최상의 내 모습을 끌어내는 평생 학습의 여정이라고 생각하자.

특별한 호흡법이 있는가?

대개는 명상할 때 편안하게 호흡하고 싶어 한다.
나에게 적합한 호흡법을 활용하는 여러 가지 방법이 있으며,
전략적으로 호흡을 수련하면 명상을 하기 위한 몸과 마음을 준비할 수 있다.

특별한 호흡법을 사용하는 경우가 아니라면, 명상 중에는 보통 코로 호흡한다. 그러나 코가 막히거나 코로 숨을 쉬기 어렵다면 일시적으로 입으로 호흡할 수도 있다.

깊고 느린 호흡

이상적인 호흡은 내가 하는 일에 필요한 신진대사 요구를 충족한다. 즉, 계단을 뛰어오를 때의 호흡이 앉아서 명상할 때보다 훨씬 빠르다. 일반적으로 명상할 때는 깊고 느리게 호흡한다. 깊게 호흡하면 호흡에 따라 복부가 움직이는데, 이를 가로막(횡격막) 호흡 또는 복식 호흡이라고 부른다. 우리가 자연스럽게 호흡하는 방식으로, 갈비뼈와 복부가 3차원적으로 움직인다. 나이를 먹으면서 사회적으로 배를 집어넣으라는 압박을 받고, 그에 따라 이렇게 자연스럽고 건강한 가로막 움직임을 상실하게 된다. 그렇지만 이렇게 이 움직임을 자각하고 수련하는 것으로 호흡하는 방법을 다시 배울 수 있다.

느리게 호흡하면 신체의 이완과 명료한 사고에 도움이 된다. 명상 중에 (그리고 하루 중에 생각날 때) 최대한 편안하게, 의식적으로 느리게 호흡해보면 좋다.

코로 호흡할 때의 이점

- **공기를 걸러준다.** 코털과 점액이 오염 물질과 미세한 침입 물질의 유입을 막는다.
- **공기를 데우고 습도를 조절**해 호흡하기 더 편안하게 만든다.
- 입으로 호흡할 때보다 **구강의 건조함을 줄여준다.**
- **일산화질소 흡수량을 높인다.** 일산화질소는 비강과 부비강을 통해 자연적으로 체내에 분비되며, 혈관을 확장하는 역할을 한다. 이는 이완, 순환, 산소 공급, 면역 기능 향상에 도움이 된다.
- 일을 할 때 **집중력이 향상된다.**

의도적인 호흡

호흡 요법은 서양에서 호흡을 최적화하거나 원하는 효과(예: 이완 또는 에너지 증대)를 달성하기 위해 의도적인 호흡 수련을 말할 때 많이 쓰이는 용어다. 프라나야마는 요가 호흡법으로, 요가의 여덟 단계(168페이지 참조)에서 설명한 것처럼, 명상의 준비 단계로 많이 활용한다.

이런 호흡법 대부분을 이 책에서 다루며, 호흡법마다 다음과 같은 특정한 효과가 있다.
길게 내쉬기는 신경계를 안정시킨다(51페이지 참조).

교호 호흡은 집중력을 향상한다(68페이지 참조).
삼각 호흡, 한쪽 콧구멍으로 하는 호흡은 피로회복에 도움이 된다(75페이지 참조).
상자 호흡은 높은 스트레스 상황에 활용할 수 있다(86페이지 참조).
벌 소리 호흡(브라마리)은 혈압을 낮출 때 활용할 수 있다(113페이지 참조).
냉각 호흡(싯탈리 또는 싯카리)은 열감이 있을 때 활용할 수 있다(122페이지 참조).
생리학적 한숨은 불안이나 스트레스를 해소할 수 있다(135페이지 참조).

날숨

들숨

들숨에 가슴우리(흉곽)가 확장된다.

가로막은 아래로 내려간다.

복부가 팽창된다.

가로막(횡격막) 호흡

깊고 느리게 호흡할 때의 이점

- 혈액 순환을 개선한다.
- 면역력에 도움을 주는 림프 순환을 개선한다.
- 혈압을 낮춘다.
- 심박수를 낮춘다.
- 심박수의 변동성을 개선해 심장의 회복탄력성을 증진한다.
- 환기 효율을 개선한다.
- 집중력과 학습력을 높인다.

명상은 건강하게
나이를 먹는 비결인가?

지난 수십 년간 노화 과정에 관한 연구가 폭발적으로 늘어났다.
인간의 수명이 늘어나면서 어떻게 하면 삶을 더 잘 살지에 관한 관심도 높아졌다.
그리고 과학은 명상이 이를 도울 수 있음을 보여준다.

과학자들은 노화에 관해 더 잘 알게 되면 여러 노화 관련 질병을 해결해 인간의 삶을 개선할 뿐만 아니라, 의료 서비스에 가해지는 압박을 해소할 수 있을 것으로 생각한다. 이런 연구 중에는 명상의 장기적인 효과를 살펴본 것도 있으며, 명상이 노화 과정을 늦추거나 심지어는 노화를 거스를 수도 있다고 제시하는 것도 있다. 노화란 일종의 명예이므로, 이런 방법을 '안티(anti) 에이징'으로 보기보다는 우아하고 건강하게 나이를 먹는 데 도움이 되는 '프로(pro) 에이징'으로 보는 것이 좋다.

명상이 뇌의 노화 방지에 도움이 되나?

우리 뇌의 많은 영역은 나이가 들면서 수축하고 기능이 저하된다. 그러나 하버드 신경

과학자 사라 라자르 박사와 다른 전문가들이 MRI 뇌 스캔 영상을 비교한 결과, 명상하는 사람의 뇌는 그렇지 않은 사람보다 노화 속도가 느린 것으로 나타났다. 이는 명상이 노화에 따른 뇌세포의 자연적인 기능 저하를 늦추거나 방지하는 데 도움이 된다는 것을 보여준다.

생활방식과 식습관 등 다른 요소(명상으로 건강한 생활방식을 유지하게 된다는 점도 유의하자)가 영향을 미쳤을 수도 있다. 그러나 많은 연구 결과에서 명상과 관련한 사고방식이 뇌의 노화를 늦추는 데 상당한 영향을 미치는 것으로 나타났다.

오랫동안 명상을 수련한 사람은
그렇지 않은 사람보다 뇌의 노화 속도가
느린 것으로 나타났다.

신경가소성 증진

뇌의 적응력은 흔히 말하듯 뇌가 잘 변하는, 즉 '가소성이 좋은' 성질을 갖춘 덕분이다. 명상이 뇌의 노화를 방지하는 주요 메커니즘은 명상의 '신경가소성' 증진이 핵심이다. 명상은 신경 세포 간의 연결을 바꾸거나 새로 만들어 뇌의 신경 세포에서 물리적 적응이 일어나게 한다. 운동으로 새로운 근육 세포가 만들어지는 것처럼, 명상도 뇌세포의 밀도를 높인다. 요가 수업 참여, 외국어 학습, 저글링 등 새로운 것을 하거나 배우는 행위 역시 신경가소성을 높인다.

명상은 신경가소성을 증진하는 효과적인 방법이며, 특히 뇌에 변화를 준다는 점이 놀랍다. 명상은 노화에 따라 기능이 저하되고 스트레스, 우울증, 불안, 만성 통증으로 제대로 기능하지 못하는 뇌 영역에서 새롭게 신경을 연결한다. 또한 기억 중추(해마)를 비롯해 이마앞엽 겉질(전전두엽 피질) 등 인지와 집중력에 관계되는 영역의 신경 연결도 재구축한다. 즉, 명상은 말 그대로 뇌를 바꾼다.

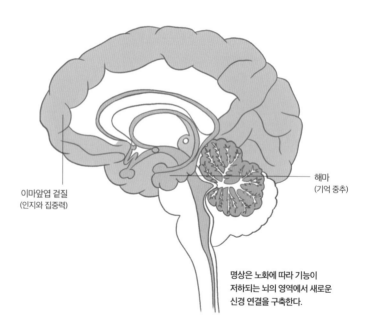

이마앞엽 겉질
(인지와 집중력)

해마
(기억 중추)

명상은 노화에 따라 기능이 저하되는 뇌의 영역에서 새로운 신경 연결을 구축한다.

기억력 개선

명상이 뇌에 미칠 수 있는 또 다른 엄청난 영향은 바로 노화 과정에서의 기억력 개선이다. 명상은 건강한 성인의 기억력을 향상하고, 신경가소성으로 해마의 용적과 기억 능력을 높이는 것으로 나타났다. 또한 노인의 주의력과 인지 추론 능력을 강화하는 데도 효과가 있다.

치매와 명상

유망한 연구에 따르면 명상은 치매와 전반적인 인지 능력 저하가 시작되는 시기를 늦추고 진행 속도도 더디게 만들며, 삶의 질을 높이는 데 도움이 된다. 특히 기초 증거에 따르면 치매 초기에는 명상이 유용하다. 76페이지에 기억력 관리에 관한 연구와 수련 방법이 더 자세히 설명되어 있다.

운동으로 새로운 근육 세포가
만들어지는 것처럼,
명상도 뇌세포의 밀도를 높인다.

제대로 알기
너무 늙어서 명상을 못 한다

명상을 배우기에 늦은 나이란 없다. 연구에 따르면 노인도 명상을 시작하면 유의미한 결과를 얻을 수 있다. 2021년 〈네이처〉에 실린 연구에서는 마음챙김에 따른 스트레스 완화 효과(MBSR) 프로그램에 65세 이상 참가자를 포함했다. 프로그램 전후로 참가자의 혈액 표본을 채취했고, MBSR 수련을 한 지 4주 만에 참가자의 인지 관련 유전자 활동에 긍정적인 변화가 일어났음을 확인했다. 명상 수련을 시작하면 나이를 불문하고 모든 사람이 효과를 누릴 수 있다.

명상으로 젊게 살 수 있는가?

우리가 살아온 햇수를 바꾸는 일은 불가능하지만, 생물학적인 나이에 영향을 미치는 것은 가능하다. 생물학적인 나이는 타고난 유전자와 후천적 요인(행위와 환경이 유전자에 미치는 영향)으로 결정된다. 명상은 이 두 가지에 모두 긍정적인 영향을 미치는 것으로 나타났다.

선천성과 후천성

유전자가 운명을 결정하지는 않는다. 선천성과 후천성 모두 영향을 미치며, 과학자들은 이전과 달리 후천성(생활방식)이 더 많은 영향을 미칠 것으로 본다. 일란성 쌍둥이를 대상으로 한 연구에서 과학자들은 유전자가 수명에 미치는 영향이 7~25퍼센트밖에 되지 않는다고 예측했다. 그보다는 생활방식과 사고방식이 더 큰 요인이라고 여겼다. 그리고 명상 수련과 마음챙김은 건강한 생활방식을 선택하는 데 영향을 준다.

후천성은 어느 유전자가 발현 또는 활성화되는지 등을 포함해 유전자의 작동 방식에 행위와 환경이 영향을 미친다는 것을 말한다. 명상은 유전자 차원에서 건강하지 못한 유전자 발현(만성 질환 등)을 억제하고 건강한 유전자 발현(건강한 면역 기능과 관련된 것)을 촉진하는 효과가 있다. 한 연구에서는 명상하는 사람과 그렇지 않은 사람의 혈액 표본을 채취해 생물학적 나이를 측정해보았다. 그 결과 연구진은 장기간 명상을 수련한 사람의 생물학적 나이가 훨씬 어렸음을 알게 되었다. 이는 장기간의 명상 수련이 '노화 관련 만성 질환의 예방 전략'이 될 수 있음을 말한다.

텔로미어의 길이

명상은 세포가 더 젊게 행동하도록 만드는 것으로 보인다. 연구에 따르면 텔로미어(염색체의 끝부분을 보호하는 구조체)는 나이가 들면서 (그리고 스트레스가 증가하면) 점점 짧아진다. 수년에 걸쳐 세포 분열이 일어나면 텔로미어도 점차 짧아진다. 따라서 나이를 먹을수록 염색체의 텔로미어는 짧아진다. 결국 텔로미어가 지나치게 짧아지면 세포가 죽거나(이를 아포토시스라고 함), 좀비 세포라고도 하는 죽지도, 살아 있지도 않은 채 주변 세포에 해를 끼치기만 하는 노화 세포가 된다.

엘리사 에펠 박사와 샌프란시스코 캘리포니아 대학교의 연구진은 마음챙김 명상이 텔로미어의 길이를 길게 유지하는 데 도움이 된다는 결론을 내렸다. 마음챙김 명상에 따른 인지 스트레스 감소와 긍정적인 상태 증진은 텔로머레이스라는 효소의 활동을 증진함으로써 텔로미어를 유지해 세포의 노화를 늦추거나 거스를 수 있는 것으로 나타났다.

건강 수명의 연장

명상은 대체로 나이를 건강하게 먹고 더 오래 살 수 있도록(수명 연장) 도와준다. 그러나 명상 수련으로 건강 수명을 연장할 수 있다는 사실이 더 중요하다. 건강 수명은 건강을 유지하면서 원하는 활동을 마음껏 하면서 살 수 있는 시간을 말한다.

명상은 건강을 유지하며 살 수 있는 '건강 수명'을 연장하는 데 도움이 된다.

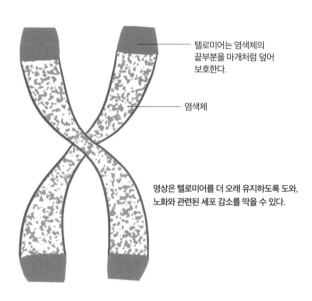

텔로미어는 염색체의 끝부분을 마개처럼 덮어 보호한다.

염색체

명상은 텔로미어를 더 오래 유지하도록 도와, 노화와 관련된 세포 감소를 막을 수 있다.

명상할 때의 뇌

가만히 앉아서 명상을 하면 머릿속에서 아무 일도 일어나지 않는 것처럼 보인다.
그러나 사실 뇌에서는 전기 활동이 일어나고,
신경화학에 유의미한 변화가 일어나는 등 뇌가 매우 활성화된다.

명상에 관한 가장 설득력 있는 연구에서는 명상이 뇌를 어떻게 바꾸는지를 살펴본다. 단기적(수 분간의 명상 후)으로는 뇌의 상태가 어떻게 변하는지, 장기적(보통 수개월 또는 수년간의 꾸준한 수련 후)으로는 뇌의 특성이 어떻게 변하는지를 연구한다. 복잡한 현대 세계에서 우리의 마음은 여러 가지 걱정거리로 가득하다. 그러나 명상은 이런 혼란 속에서도 뇌를 차분한 상태로 돌려놓아 장기적으로 더 나은 삶을 추구할 수 있게 한다.

명상 중에 뇌에서는 어떤 일이 일어나는가?

명상을 시작하면 바로 뇌의 상태가 바뀐다. 특정한 뇌의 영역과 회로가 활성화됨에 따라 전기적인 변화가 발생한다. 몇 분 만에 코르티솔 수치가 감소하는 등 화학적 변화가 일어나고, 생화학적으로 균형을 찾게 된다. 이 효과는 몇 시간, 심지어는 며칠까지도 이어진다.

전기적 변화

우리는 전도성 신경 세포를 통해 전기 에너지가 몸과 뇌로 전달되는 활동적인 존재다. 이런 전류의 활동은 신경 연결 통로를 새로 만들거나 강화한다. 시간이 지남에 따라 뇌에 있는 이런 통로가 막히거나 부적응 통로가 발달할 수 있다. 대표적인 경우가 바로 곰곰이 생각에 빠졌을 때다. 명상 수련은 이 같은 부적응 통로를 없애고 건강한 통로를 만들도록 촉진할 수 있다. 이는 종종 긍정적인 생활방식으로 이어진다. 다양한 명상 스타일에 따라 뇌의 활동과 화학적 변화 패턴도 다양하게 나타나며, 현재까지 평가된 뇌의 변화 유형은 일부에 불과하므로 아직 더 많은 연구가 필요하다는 점에 유의해야 한다.

뇌의 영역과 네트워크

처음에 신경과학자들은 명상이 어느 구체적인 뇌의 영역과 기능에 영향을 주는지에 집중했다. 그러나 모든 뇌 활동은 어느 한 영역만 독자적으로 일어나는 것이 아니라, 서로 연결된 영역의 복잡한 네트워크로 상호작용한다. 지난 10년간, 최신 신경과학에서는 명상이 이런 네트워크에 상당한 변화를 유도할 수 있음을 밝혔다. 명상은 마음방랑이나 심사숙고할 때, 자기 지시적인 처리 과정 또는 '자아'에 관한 생각에 빠졌을 때(**디폴트 모드 네트워크라고 함**)와 연관되는 영역을 비활성화하고 해당 영역 간의 연결을 약화한다. 그리고 결국 마음이 정처 없이 흘러가게 되면, 감각 정보의 중요성을 관장하는 네트워크(**현저성 네트워크**)가 명상 중인 사람에게 이를 알려 즉흥적인 생각에서 벗어나 다시 명상의 초점으로 되돌아오도록 한다. 명상 중인 사람이 호흡, 시각, 만트라 등 어느 하나에 의식을 집중하고 이를 유지하는 과정에서는 주의력을 통제하는 네트워크(**중앙 관리 네트워크**)가 주도하게 된다. 주의가 산만해지면 이 과정이 반복된다.

현저성 네트워크
무엇이 중요한지 결정하고 네트워크 간의 전환을 촉진한다.

앞띠다발 겉질
(Anterior cingulate cortex)
(주의력)

앞뇌섬엽(Anterior insula)
(신체 감각, 사고, 감정의 통합)

모서리위이랑(Supramarginal gyri)
(신체 지각 · 인지)

뒤가쪽 이마앞엽 겉질
(Dorsolateral prefrontal cortex)
(주의력)

등안쪽 이마앞엽 겉질
(Dorsal medial prefrontal cortex),
뒤띠다발 겉질
(Posterior cingulate cortex)
('자아' 생각)

모이랑
(Angular gyri)
(공간 지각,
기억력)

뒤마루엽 겉질
(Posterior parietal cortex)
(주의력)

디폴트 모드 네트워크
마음방랑과 자기에 집중하는 생각에 관여한다. 명상 시에는 비활성화된다.

중앙 관리 네트워크
주의력 통제에 관여한다.
명상 시에 활성화된다.

뇌파

과학자들은 뇌파도(EEG)와 같은 도구를 활용해 실시간으로 뇌파 활동을 측정한다. 기본적으로 명상하는 사람의 머리에 전극을 설치해 뇌의 여러 영역에서 전기의 움직임을 측정하는 것이다. 다양한 명상법에 따라 뇌파 활동의 패턴이 다르게 나타나지만, 전반적으로 대부분의 명상에서 이완, 학습, 정신 건강을 증진하는 알파파와 세타파가 증가한다.

주파수	특징	명상과의 연관성
감마파(35Hz 초과)	집중력 최고조, 기억 통합	자비 명상을 할 때 많이 나타나며, 장기간 수련한 사람에게서 많이 보인다.
베타파(12~35Hz)	표지향적인 일이나 대화 시 경계·집중	일반적으로 명상을 하면 뇌의 대부분 영역에서 이 주파수가 낮게 나온다.
알파파(8~12Hz)	이완	명상으로 알파파가 먼저 나타나는 경우가 많으며, 수련 후에 알파파가 지배적으로 나타날 수 있다.
세타파(4~8Hz)	창의적인 문제 해결	특히 고급 명상 수련자의 경우, 내적 경험을 모니터링하는 영역에서 세타파가 지배적으로 나타날 수 있다.
델타파(4Hz 미만)	꿈을 꾸지 않는 깊은 잠	명상 중에는 델타파가 거의 나타나지 않는다. 그러나 깨어서 잠이 든 것과 같은 상태로 안내하는 요가 니드라(170페이지 참조) 중에 관측된다. 또한 명상은 수면의 질을 개선하는 것으로 알려졌으며, 더 깊게 잠을 잘 수 있음을 느끼게 된다.

화학적 변화

명상은 뇌를 화학적으로 바꾸어 신체의 생화학에 영향을 준다. 또한 신경 세포 간의 소통을 돕는 신경 전달 물질과 혈류에서 순환하며 몸 전체에 다양한 효과를 주는 호르몬에 상당한 영향을 미친다. 명상으로 나타나는 생화학적 변화를 살펴보자.

스트레스 호르몬 감소: 명상은 아드레날린과 코르티솔을 감소시킨다. 아드레날린은 (실제든 아니든) 비상 상황에 대처해 혹사하게 만드는 스트레스 호르몬이다. 코르티솔 수치는 하루에 자연적으로 변하지만, 코르티솔 수치가 계속해서 높은 상태일 경우 장기적인 스트레스, 염증, 피로, 과민함 등과 연관되며, 지방을 축적한다.

GABA 증가: 감마아미노뷰티르산(GABA)은 억제적 신경 전달 물질이다. GABA가 증가하면 불안과 스트레스를 억제해 이완이 더 잘 된다.

BDNF 증가: 뇌유래신경영양인자(BDNF)는 신경 전달 물질이 제대로 역할을 할 수 있도록 도와주는 단백질이다. BDNF 수치가 높아지면 새로운 뉴런의 연결과 성장에 도움이 된다.

세로토닌 증가: 세로토닌은 행복과 긍정적인 기분과 연관된다. 한 연구에 따르면 정기적으로 명상을 수련한 사람의 세로토닌 수치는 대조군의 기본 수치보다 높았으며, 명상 후의 수치가 더 높게 나타났다.

엔도르핀 증가: '내부에서 유래한'이라는 뜻의 'endogenous'라는 단어와 모르핀(강력한 진통제)이 합쳐진 엔도르핀은 행복감을 높여주는 '쾌감' 화학 물질이다.

옥시토신 증가: 사랑 또는 포옹 호르몬이라고도 불리는 옥시토신은 다른 사람과의 유대감을 느끼도록 도와준다. 또한 항염증, 항산화, 면역 체계 강화 효과가 있다. 자비 명상이 옥시토신 수치를 높인다고 알려져 있다.

도파민의 조절과 증가: 도파민은 일종의 보상 체계로 작용하며, 즐거움을 기대할 때 분비된다. 도파민 기능 장애는 중독, 우울증, 불안과 연관된다. 명상은 도파민을 생성하고 도파민에 대응하는 뇌의 영역을 조절하는 것으로 나타났다.

꾸준한 명상 수련이
뇌에 미치는 긍정적인 영향

명상을 꾸준하게 자주 수련하면 단기적인 변화가 장기적인 성과로 이어진다. 신경과학자들은 이를 뇌의 특징이 변하는 것이라고 말한다. 어떤 변화는 명상을 시작한 지 몇 주 만에 나타나기도 하고, 어떤 변화는 수개월에서 수년이 지나서야 나타난다.

일상적인 명상 수련으로 전기, 화학적인 변화 외에 물리적으로도 뇌가 상당히 변한다. 신경과학자 사이에서는 "함께 흥분하는 뉴런은 함께 연결된다"라는 말이 있다. 명상할 때 동시에 일어나는 신경 활동은 점점 축적된다. 주의가 집중되는 곳에 말 그대로 에너지가 (전기 활동의 형태로) 가고, 해당 영역의 연결이 강화된다. 신경 회로를 재구성해 연결을 강화하고, 결과적으로 중요한 영역에

줄무늬체(Striatum)
(감정 조절, 주의력 통제)

여러 이마앞엽 영역
(Multiple prefrontal regions)
(감정 조절)

뒤띠다발 겉질
(Posterior cingulate cortex)
(자아 인식)

앞띠다발 겉질
(Anterior cingulate
cortex)
(주의력 통제)

강조 표시한 뇌 영역은 명상으로 강화되어 집중력과 기억력을 증진하고, 감정, 스트레스, 통증을 조절한다.

있는 뇌세포의 밀도를 높인다. 이는 MRI 영상으로도 나타난다. 이런 구조적인 변화는 집중력·인지·기억력 향상과 함께 삶이 어려워질 때 스트레스, 통증, 감정을 더 잘 조절하는 능력을 키워주는 실질적인 효과로 구현된다.

뇌파 측정

신경 피드백을 실시간으로 측정하려고 실험실에 갈 필요는 없다. 뮤즈(Muse)의 뇌파 측정 헤드밴드 같은 간편한 EEG 기기로 집에서도 뇌파를 측정할 수 있다. 이런 기기는 언제 이완 시의 뇌파가 나오는지 알려주고, 사용자가 마음이 산만해졌음을 인지해 다시 집중할 수 있게 해준다. 뮤즈의 기기, 손목 혈압 측정기(112페이지 참조), 수면 데이터를 측정하기 위한 스마트 워치(103페이지 참조) 등으로 집에서도 연구실 같은 환경을 만들 수 있다. 아니면 손가락으로 맥박을 재봐도 좋다.

주의가 집중되는 곳에
말 그대로 에너지가 가고,
해당 영역의 연결이 강화된다.

마음 (그리고 삶) 바꾸기

뇌가 전체 몸무게에서 차지하는 비중은 2퍼센트밖에 되지 않지만,
뇌가 기능하는 데 쓰는 에너지는 전체의 20퍼센트나 된다.
마음이 과하게 활성화되거나 자극이 과도하면 명상으로 뇌에 휴식을 줄 수 있다.

명상은 뇌를 물리적 · 화학적으로 바꿀 뿐만 아니라 우리가 생각하고 세상과 상호작용하는 방식도 바꾼다. 명상을 통해 중요한 철학적 · 형이상학적 관점을 깊이 생각해보고, 명상의 긍정적이고 삶을 바꾸는 효과를 탐구할 수 있다.

자아 성찰을 돕는 명상

명상을 배우면 자아 인식 능력을 계발할 수 있으며, 다음과 같은 능력이 향상된다.

- 자기 생각에 관해 사고하는 능력
- 인지하고 있음을 자각하는 능력
- 자기의 사고 패턴과 과정을 자각하는 능력

또한 머릿속에서 일어나는 내적 대화를 관찰하고 이를 무조건 믿지 않는 방법을 배운다. 이는 정신 건강을 개선하는 데 유용한 기술이다. 명상으로 내 생각에 지배당하지 않는 법을 배우는 것이다. 즉, 내 안에 갇히지 않게 된다.

이런 깊은 자아 성찰은 생각하고 학습하는 방식을 최적화한다. 이 책에 나온 다양한 명상법을 수련하거나, 명상 선생님과 함께 수련하면서 자기의 사고방식, 습관, 개인적인 어려움 등에 관한 통찰력을 얻을 수 있다. 그러면서 더욱더 현재에 머물고 마음의 평화를 얻게 된다.

명상은 자아를 없애는가?

명상의 이점이라고 일컬어지는 것 중 하나는 '자아를 해체'한다는 것이다. 연구에 따르면 명상은 뇌의 '자아' 중추에서 일어나는 활동을 감소시킨다(완전히 없애지는 못함). 이는 특히 숙련된 명상 수련자에게서 나타나는 현상이다. 명상 중에는 내 의견, 내 것, 내 관계, 소셜 미디어에서 내가 좋아하는 것, 자기중심적인 여러 생각 등이 모두 사라진다. 좋고 싫음이 나를 통제하는 힘이 줄어들어 기분이 극단적으로 좋았다가 나빠졌다가 하지 않게 된다. 또한 명상은 삶에서 어려움에 직면하더라도 이를 기분 나쁘게 받아들이지 않고 평정심을 유지하는 데 도움이 된다.

힘든 감정을 경험하면
어떻게 하나?

가만히 앉아서 내면을 들여다보기가 불편할 수 있다. 과도하게 일을 하거나 생각하거나, 혹사하는 행위는 고통스러운 생각을 피하려는 회피 기제일 수 있다. 명상을 시작했을 때 힘든 감정이 생겨나면, 자격이 있는 명상 선생님을 찾아가거나 좋은 치유사에게 털어놓는 것도 좋다.

심각한 트라우마, 정신병, 조울증, 조현병 등의 병력이 있다면 의료진과 상의해 명상 수련을 시작하기 전에 상담을 진행하고, 전문 명상 선생님을 찾는 것이 좋다. 명상이 중요한 조절 기술을 배우는 데 도움이 될 것이다. 천천히 선생님의 지도하에 수련을 시작하고, 할 수 있는 만큼 강도를 점점 높여간다.

마음방랑은 나쁜 것인가?

마음방랑(mind-wandering)이란 현재의 순간이 아닌 다른 것을 생각하는 것을 말한다. 이는 진화에 따른 장점이라고 본다. 과거를 성찰하고 미래의 목표를 계획하며 창의적으로 생각할 수 있기 때문이다. 머릿속으로 어떤 상황을 그리며 생각하면 논리적인 해결책을 도출하는 데 도움이 될 수 있다. 또한 공상은 편안한 탈출구가 될 수도 있다. 문제는 이를 그만둘 수 없을 때다. 머릿속의 작은 목소리가 샤워할 때, 일할 때, 사랑하는 사람과 함께 있을 때 등 시도 때도 없이 불쑥 튀어나온다면, 오히려 집중을 방해하는 소모적인 일이 된다. 이 상상 속 '친구'는 말이 너무 많아서 짜증을 유발하기도 한다.

연구에 따르면 하루에 깨어 있는 시간 중약 47퍼센트를 마음방랑에 쓴다고 한다. 어느 획기적인 연구에서는 이런 정신적인 시간 여행이 불행의 원인이라고 한다. '정처 없이 떠도는 마음은 불행한 마음(A wandering mind is an unhappy mind)'이라는 제목으로 세계적인 〈사이언스〉지에 게시된 이 연구에서는 "일어나지 않은 일에 관해 생각하는 능력은 감정적인 대가가 뒤따르는 인지 성과"라고 결론지었다.

우리는 깨어 있는 시간의 거의 절반을
마음방랑에 쓴다.

한편, 다른 연구에서는 부정적인 생각을 하는 마음방랑이 노화를 가속화하고 정신 건강 환경을 점점 더 위험하게 한다고 보았다. 명상은 이에 대한 명확한 해법이다. 우리의 주의를 현재로 되돌리는 기술을 가르치기 때문이다. 얼핏 진부해 보이는 일상의 모든 활동을 의식적으로 하는 것은 산만해지는 것과는 정반대다. 명상 철학은 우리에게 진정한 행복이란 현재의 순간을 살아가는 것에서 찾을 수 있다고 알려준다. 또한 명상으로 자비심을 함양하는 것이 마음방랑을 줄이고, 생각과 행동의 중심을 자신에서 타인으로 옮겨 배려심이 더 많아지도록 한다는 연구 결과도 있다.

주의 집중:
집중하는 대상에 대한 집중력 유지

즉흥적인 생각:
마음방랑

의식의 방향 재설정: 현재로 다시 주의 집중

일어나는 생각의 자각:
마음방랑을 하고 있음을 자각

주의 집중 주기

사람은 깨어 있는 시간의 약 47퍼센트를 마음방랑으로 보낸다. 명상은 우리의 의식이 다시 현재로 돌아올 수 있게 도와준다.

어떻게 명상이
삶을 바꿀 수 있는가?

결국 명상은 내적인 힘을 활용해 삶의 스트레스에 직면해 더 강하고 현명한 사람이 되도록 도와준다. 또한 내적인 상태 등에 관한 자각을 높여 더 건강한 생활방식을 영위할 수 있도록 한다. 당뇨병, 심장질환, 다양한 정신 건강 환경 등 생활방식 관련 질병이 만연한 상황에서, 명상과 마음챙김을 통한 행동의 긍정적인 변화는 이런 질병을 관리하고 예방하는 데 도움이 된다. 명상은 작은 변화를 만들어가는 과정에서 삶의 큰 변화를 불러오는 촉매제가 된다.

다른 사람이나 외부의 어떤 것도 진정한 행복과 충만함을 줄 수는 없다. 이는 내부에 있다. 기본적인 욕구가 충족되면 완벽한 환경이나 유토피아 같은 관념을 행복으로 삼을 필요가 없다. 오히려 고대 그리스에서 잘 사는 것과 잘 영위하는 것을 말하는 에우다이모니아(eudaimonia)를 함양하면 된다.

명상은 덧없고 외부에 좌우되는 것이 아닌 정신적으로 최적의 상태로 기능하고, 회복탄력성이 있으며, 내적인 성장이 있는 에우다이모니아 같은 행복을 증진시킨다. 이 책에서도 살펴보겠지만, 명상과 마음챙김은 일상적인 문제를 해결하도록 도와줄 수 있다. 그러나 궁극적으로는 그보다 더 심오한 의미와 목적, 내적 평화를 향한 변혁적인 여정으로 여러분을 이끌고자 한다.

명상은 내적인 힘을 활용해 삶의 스트레스에 직면하도록 도와준다.

CHAPTER 2

건강한 마음을 위한 명상

이제 이론을 넘어 건강한 마음을 뒷받침하기 위한 수련에
나서보자. 빠른 속도로 변하고 요구하는 것이 많은 세상에서,
명상은 힘든 감정을 회피하기보다는 고요히 앉아서 그런 감정과
마주하는 방법을 알려준다.

궁극적으로 감정은 우리의 선생님이다.
스트레스는 우리가 얼마나 강한지 알려주고,
분노는 건강한 경계선을 그을 수 있게 해준다.
불안은 무엇을 할 수 있을지보다 현재 어떤지에 집중하게 하고,
질투는 어떤 사람이 되고 싶은지를 보여준다.
이번 장에서는 이런 감정과 애도, 고스팅, 시험 대비, 무대공포증 극복 등
실제 상황을 헤쳐 나가는 명상 수련법을 볼 것이다.

수련을 반복할수록 뇌가 재구성되고, 연습은 (완벽이 아닌)
진전으로 이어진다. 또한 명상에 한해서는 수련은 현재에 머물
수 있게 만든다. 그러니 이제부터는 삶의 어려움을 헤쳐 나가고
가장 필요할 때 뇌에 힘을 줄 수 있는 명상을 경험해보자.

스트레스를 해소하고 평정심 되찾기

안달복달하는가? 힘든 사람을 상대하는가? 비행기가 이륙하려고 하는가?
안타깝지만 우리는 우리에게 일어나는 모든 일을 통제할 수 없다.
다른 사람을 통제할 수 없음은 물론이다.
그렇지만 호흡과 신경계가 스트레스 상황에 대응하는 방법은 통제할 수 있다.

무언가에 압도되는 느낌을 받을 경우, 교감 신경계가 작동해 심박수와 혈압이 높아지고 호흡이 가빠지는 일명 '투쟁-도피' 반응이 일어난다. 이 반응이 자주 일어나거나 상황에 비해 과도할 경우, 정상적인 생활을 저해할 정도로 고통스러울 수 있다. 이런 반응을 완화하는 명상 방법은 호흡을 길게 내쉬고 안전한 환경을 조성하는 것이다. 이는 많은 중요한 기관을 조절하고 '휴식과 소화' 모드라고도 불리는 신경계 부교감 반응의 이완 효과에 관여하는 뇌신경인 미주 신경에 영향을 주어 차분한 상태를 조성하는 데 도움이 된다.

미주 신경에 영향 미치기

간단한 호흡 운동만으로도 압도되는 느낌을 해소할 수 있다. 나의 호흡은 내 몸의 시스템이 반응하는 리듬을 만든다. 역동적인 춤처럼 말이다. 날숨의 길이를 두 배 늘리는 것처럼 그 리듬을 바꾸면 신경계를 이동하는 전류의 움직임이 바뀌어 심장, 내장, 기분, 에너지 수준 등에 영향을 줄 수 있다.

들숨: 교감 신경

혈액은 매번 숨을 들이쉴 때마다 심장과 폐로 이동해 그 기능을 돕는다. 압수용기라는 압력 수용체는 압력이 증가하는 것을 감지하고, 스트레스를 처리하기 위해 교감 신경계 활동을 증가시키라는 신호를 보내 반응한다.

날숨: 부교감 신경

매번 숨을 내쉴 때마다 미주 신경이 심장에 영향을 주어 심장 박동을 늦춘다. 이는 브레이크 페달을 밟는 것과 마찬가지로, 부교감 신경이 발동해 에너지를 아끼도록 하는 반응이다. 날숨 시에는 몸이 약간 이완이 되는데, 이 때문에 길게 숨을 내쉬면 진정되는 효과가 있다(다음 페이지 참조).

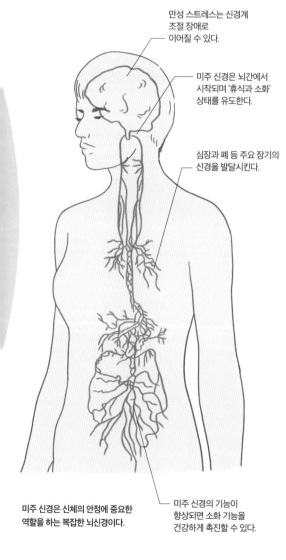

만성 스트레스는 신경계
조절 장애로
이어질 수 있다.

미주 신경은 뇌간에서
시작되며 '휴식과 소화'
상태를 유도한다.

심장과 폐 등 주요 장기의
신경을 발달시킨다.

**미주 신경은 신체의 안정에 중요한
역할을 하는 복잡한 뇌신경이다.**

미주 신경의 기능이
향상되면 소화 기능을
건강하게 촉진할 수 있다.

간단한 스트레스 완화법

스트레스를 받았을 때 약 1분(그보다 덜 걸릴
수도 있다!) 안에 상당한 생리학적 효과를 볼
수 있다. 읽으면서 바로 시도해보자.

1. 척주를 곧게 세운다. 앉거나 서거나 상관
없다. 키가 커지도록 척주를 세우되 너무 경
직되지 않게 한다.

2. 잠시 자연스러운 호흡을 바라본다. 들숨
과 날숨 중 어느 쪽이 더 긴가, 아니면 양쪽이
비슷한가를 그냥 인지한다.

3. 평소보다 더 길게 내쉰다. 일단 들숨의 두
배 정도로 내쉰다. 그러나 꼭 두 배여야 할 필
요는 없다. 들숨보다 날숨이 길기만 하면 된
다. 강제로 숨을 길게 내쉰다는 느낌이 들지
않는 길이를 찾는다. 둘을 셀 동안 숨을 마시
고, 넷을 셀 동안 숨을 내쉬어보자. 이것이 편
안하게 느껴지면 셋을 셀 동안 숨을 마시고,
여섯을 셀 동안 숨을 내쉰다. 그래도 괜찮으
면 넷을 셀 동안 숨을 마시고, 여덟을 셀 동안
숨을 내쉰다.

4. 계속 시도하면서 오늘의 나에게 맞는 비
율을 찾아본다. 가수거나 관악기를 연주해
본 사람이라면 호흡이 더 길 수도 있다. 숫자
는 세지 않아도 괜찮다.

분노와 좌절을 느낄 때

분노는 매우 강력하고 자연스러운 감정이다.
위협에 적응하는 반응으로 아드레날린 같은 스트레스 호르몬의 분비를 유발한다.
에너지를 들끓게 만들고 필요하면 행동을 취하도록 하지만 분노의 고삐를 잡아야 할 때도 있다.

분노는 마음에서 좌절이 계속되고 이것이 격노로 변하게 될 때 문제가 된다. 스스로 알아차리기도 전에 분노를 정당화하는 이유를 수백 개는 생각하고, 심하면 분노에 몸을 맡기고 행동해 다른 사람을 다치게 할 수도 있다. 생각의 고리가 분노를 더 키우고, 그로 인한 부정적인 생각이 웰빙을 저해한다. 따라서 머릿속에서 분노에 찬 주장을 계속 이어가기보다는 마음챙김을 활용해 그 생각을 끊고, 명상을 수련해 빠르게 감정을 조절하는 기술을 키우도록 하자.

독은 먹지 말자

분노에 집착하는 것은 내가 독을 먹고 남이 죽기를 바라는 것과 같다는 말을 들어본 적이 있을지도 모르겠다. 분노를 짧게 터트리는 것은 행동에 동기를 부여하는 데 도움이 된다. 그러나 분노가 오래 계속되면 혈관이 수축해 만성적인 고혈압과 염증으로 이어지고, 심장이 빨리 뛰게 되어 몸이 상할 수 있다. 화나는 게 당연하다고(심지어는 정당하다고) 느낄 수도 있지만, 장기적으로 보면 독을 먹는 것이 좋을 리는 없지 않겠는가?

남 탓 멈추기

다른 사람을 탓하면서 그 사람이 나에게 잘못한 이유에 집착하고 있다면, 그런 생각은 빨리 놓아버리고 용서하는 것이 좋다. 물론 말처럼 쉬운 일은 아니다. 다른 사람을 탓하는 것에서 용서로 넘어가려면 내적인 단계를 거쳐야 한다. 분노가 독을 먹는 것과 같다면, 용서는 치유를 위한 약과 같다.

자비심 기르기

자비심을 찾으면 기분이 나아질 수 있다. 상처받은 사람은 다른 사람에게도 상처를 준다는 사실을 기억하면 도움이 된다. "그렇다고 괜찮다는 말은 아니다"라고 생각할 수도 있다. 그러나 다른 사람에 대한 자비심을 기르는 일이 불의에 안주하거나 행동하지 말라는 말은 아니다. 그냥 지나가도록 놓아 버리고 아무런 행동을 하지 않는 것이 최선이라는 결론을 얻을 수도 있다. 그렇지만 공감으로 분노의 칼날을 무디게 만들고 조금 더 침착해지면, 적합한 행동을 취해 앞으로 나아갈 수 있다. 자비 명상으로 자비심을 길러보자(79페이지 참조)

느껴보기

첫 번째 단계는 분노가 일어남을 인지하고 이를 느끼는 방법이다. 지금 수련하면서 감정이 격해졌을 때 나만의 경고 신호가 무엇인지 의식적으로 알아차릴 수 있도록 한다.

1. 알아차림: 화가 났을 때 또는 분노했던 상황을 떠올리며 몸이 어떤 느낌인지 알아차린다.

심박수가 어떻게 영향을 받았는가?

호흡은 어땠는가?

전반적인 감정은 어땠는가?

2. 보디 스캔: 머리끝부터 발끝까지 보디 스캔을 해보며 신체에서 가장 반응이 느껴지는 곳(머리, 목, 가슴, 복부, 엉덩이 등)이 어디인지 살펴본다.

3. 무엇이 느껴지는가?: 단순한 분노 외에 신체적으로는 열이 오르고 경직되며 부글부글 끓는 느낌이 느껴질 수 있다. 감정적으로는 슬픔이나 실망 혹은 다른 감정 등이 있을 수 있다.

4. 느낌: 복잡한 분노의 감정을 느낀다. 천천히 호흡하면서 지금의 상태에서 이완한다.

마음챙김을 활용해 생각을 끊자.

용서하는 마음 찾기

8~10분 정도 이 과정을 통해 분노에서 벗어나, 수용하고 용서하는 마음과 그다음으로 나아가는 방법을 살펴보자.

1. 편안하게 앉아서 타이머를 2분 정도로 설정한다.

2. 화가 나는 대상(자신일 수 있음)을 떠올린다. 대상을 떠올리자마자 여러 생각이 휘몰아칠 수 있다. 비판, 못마땅함, 비난, 잘못을 비롯해 지금 느껴지는 것을 (감정적으로, 신체적으로) 그대로 인지하고 느낀다.

3. 타이머를 다시 2분 정도로 설정한다. 천천히 호흡하며 수용하는 감정을 불러일으킨다. 이미 일어난 일을 괜찮다고 생각하라는 것이 아니다. 그저 그 일이 일어났다는 사실을 받아들인다.

4. 타이머를 다시 설정한다. 이제 나 자신에게 문제를 제기한다. 대상을 생각하는 방식이나 그 경험의 교훈을 생각해본다. 곧바로 비난거리가 생각나겠지만, 열린 마음으로 생각나는 지혜에 귀를 기울인다. 경계, 수용, 인내심 등 더 많이 느낄 수 있을지도 모른다.

5. 타이머를 다시 설정한다. 그리고 수용의 감정을 다시 불러온다. 호흡, 소리, 감각 등 열린 마음으로 이완하면서 느껴지는 모든 것을 받아들인다.

6. 이를 통해 배우게 된 점을 기록하거나 믿을만한 사람에게 털어놓는다.

우울하고 울적할 때

어둠이 짙어지면 빛이 있다는 것을 상상하기가 힘들다.
명상은 우리가 누군가를 애도할 때, 일어난 일에 관한 생각을 떨칠 수 없을 때,
이유도 없이 우울할 때 등 힘든 시기를 견디는 데 도움이 된다.

울적해지면 이 기분에서 빨리 벗어날 수 있는 빠른 해결법을 찾고 싶어진다. 많은 증거에 따르면 장기간에 걸쳐 명상을 수련하는 것이 도움이 된다고 한다. 시각화와 신체 감각에 의식을 집중하는 등의 몇 가지 명상 기법은 생각에 잠기는 것을 막을 수 있다. 그리고 긍정하는 태도는 마음속 서사를 재구성할 수 있다. 또한 명상이 일반적인 의료나 치료를 보완할 수 있다는 연구 결과도 있다.

전문가의 도움을 받는 것을 주저하지 말자. 임상 우울증은 매우 심각한 (그리고 아주 일반적인) 증상이기 때문이다. 이런 증상으로 나만 힘들어하는 것 같을 때도 있지만, 절대 혼자가 아니다. 그리고 희망은 있다.

자연과 하나 되기

우리의 내적 경험은 자연을 모방한다. 우리도 자연 일부이기 때문이다. 실제로 겨울은 계절성 우울증에 영향을 미친다고 알려져 있다. 그러나 날씨, 계절, 내면의 상태는 언제나 변한다.

하늘 시각화

간단한 시각화로 진정한 본성을 반영해보자.

1. 등을 곧게 세우고 앉는다. 그리고 지금 나의 내면 상태를 관찰한다. 현재의 (신체적, 감정적) 느낌을 알아차린다. 어린아이가 관심을 요구하는 것처럼, 느낌도 관심이 필요할 수 있다. 깊게 호흡을 몇 번 하면서 지금 느껴지는 것을 느낀다.

2. 하늘을 올려다보는 것을 상상한다. 어둡고 힘들다고 느껴지면 불길하게 구름이 잔뜩 껴 있을 것이다.

3. 구름 위에 있는 평화롭고 밝게 빛나는 파란 하늘을 시각화한다. 눈에 보이지 않을 때도 파란 하늘과 빛나는 태양이 언제나 그 자리에 있다고 생각한다. 최소 1분 정도 광활하고 푸르른 하늘의 모습을 그리며 몸에서 어떤 느낌이 느껴지는지 알아차린다.

삶을 긍정하는 만트라

긍정하는 말을 만트라로 삼아 하루 중에 관점을 바꾸기 위해 쓸 수 있다. 만트라 명상에는 단어, 소리, 구결을 반복하는 행위가 포함된다. 요가 전통에서 만트라는 언어의 내재적 울림 때문에 보통 산스크리트어로 한다. 예를 들면, '소 함'이라는 말은 우주와 일치되는 느낌을 표현한다. 그러나 단순하게 '하나'라는 단어만 반복해도 강력한 효과가 있는 것으로 나타났다. 원하는 단어나 구결을 하나 선택하면 된다. 사물을 새로운 시각으로 볼 수 있는 긍정적인 문구를 선택하면 특히 도움이 될 것이다.

문구 바꾸기

자기가 선택한 만트라 단어나 구결을 하루 중 언제라도 원하는 때에 마음속으로 또는 소리 내어 반복한다. 이를 정식 만트라 명상에 활용해 5~10분 동안 반복할 수도 있다.

"이 또한 지나가리라."

"생각은 사실이 아니다."

"나는 내 생각이 아니다."

"지금 나는 괜찮다."

"모두 다 잘 되면 어떨까?"

"나는 혼자가 아니다."

"나는 우주와 일치되어 있다."

"나는 나을 수 있고 나을 것이다."

"하나"

"소 함"

"사랑"

"평화"

1분 명상

외로움에 빛을 밝히기

외롭다고 느낄 때마다 내 안에 있는 작은 불빛 하나를 상상해보자. 이 불빛이 들어오는 장소와 불빛이 어느 색인지 알아차린다. 숨을 들이쉴 때마다 불빛이 더 밝게 빛나는 것을 느낀다. 숨을 내쉴 때마다 불빛이 처음에는 몸 전체를 밝히고, 그다음에는 몸 전체를 넘어 방 전체, 건물, 도시 등으로 퍼져 나가고, 다른 사람의 빛에도 닿는 것을 상상한다. 그리고 우주선에서 내려다보는 지구의 모습을 그리며 숨을 쉴 때마다 밝은 빛이 점점 확장하는 모습을 바라본다. 그리고 편안하게 쉬면서 온기를 느낀다.

슬픔 극복하기

사랑하는 사람 등 나에게 소중한 누군가를 잃고 나면 자연스럽게 슬픔을 겪게 된다. 정신의학자 엘리자베스 퀴블러 로스는 1969년에 펴낸 저서 『죽음과 죽어감』에서 슬픔의 주요 다섯 단계를 부정, 분노, 타협, 우울, 수용으로 정의했다. 그러나 엄연히 말하면 다섯 단계보다 더 세분되는데, 여기에는 보통 초기의 충격과 수용 후 재통합, 희망, 새로운 삶의 목적 등이 포함된다. 현실에서 슬픔은 완벽하게 모델을 따르거나 선형적인 경로를 거치지 않는다. 그보다는 우울감을 포함하는 감정이 나선형 또는 파도처럼 느껴진다. 때때로 이런 슬픔을 극복하는 유일한 방법은 그것을 마주하고 나아가는 것이다. 다음 명상법을 활용해 슬픔의 과정을 헤쳐 나가자.

긍정하는 태도는
마음의 서사를
재구성할 수 있다.

슬픔 존중하기

슬픔의 단계 중 어디에 있든, 슬픔을 억누르기보다는 슬픔과 마주하고 앉아서 그것이 주는 지혜가 떠오르도록 한다.

1. 등을 곧게 세우고 앉아서 몸에서 느껴지는 물리적인 감각을 **알아차린다.**

2. 하루 동안 짓고 있던 표정이나 겉모습을 내려놓는다. 턱과 눈에서 힘을 풀고 이마에 주름이 생기지 않도록 긴장을 푼다. 피부와 근육이 머리뼈를 감싸는 모습을 상상한다. 세상에 보여주기 위해 쓰고 있던 가면을 물리적으로 벗어 던지면, 진정한 감정이 수면 위로 올라올 수 있다.

3. 그렇게 느껴지는 것을 몇 분 정도 느낀다. 눈물을 참거나 '울어야 한다'고 느끼거나, 그 외에 특별히 어떤 감정을 느껴야 한다고 생각할 필요는 없다. 그냥 슬픔의 단계 중 어디에 있는지만 알아차린다.

4. 호흡의 지혜에 몸을 맡긴다.

5. 슬픔이 자기 역할을 하도록 하고 어떤 생각이나 느낌이 드는지 몇 분간 관찰한다.

6. 마무리로 머리를 살짝 숙여 머릿속의 생각과 느낌이 슬픔을 존중하는 마음속 애정 어린 공간에 들어가도록 한다.

7. 다음 단계에 관한 지혜가 떠오르면 이를 알아차린다. 영양가 있는 음식 먹기, 친구에게 전화하기, 일기 쓰기 등과 같이 아주 작은 단계여도 괜찮다.

불안, 걱정과 싸우는 법

걱정을 너무 많이 하거나 마음의 소리에 신경을 너무 많이 쓰는가?
미래에 관해 끊임없이 집착하면 불안감을 불러올 수 있다.
그러나 이를 잠재울 수 있는 방법이 있다.

모든 사람이 때때로 이런저런 걱정을 하지만, 지나친 불안은 사람을 쇠약하게 만든다. 명상은 정신적인 브레이크 역할을 하면서 빠르게 떠오르는 생각의 속도를 늦춘다. 그렇게 함으로써 어떤 사건에 대해 충동적인 마음이 아니라 의식적으로 자비심을 가지고 반응할 여유가 생긴다.

통합적인 접근법

마음과 몸이 심오하게 서로 연결되어 있음을 생각하면, 불안과 같은 정신 건강 문제를 해결하는 데에는 하향식(마음이 몸에 영향을 주는 방식)과 상향식(몸이 마음에 영향을 주는 방식) 접근법을 통합적으로 활용하는 것이 가장 효과적이다. 마음챙김에 기반한 개입에는 양방향으로 작용하는 전략이 포함되어 있어, 불안을 관리하고 최상의 정신 건강을 유지하는 특별한 방법을 제시한다.

하향식 접근법:

부정적인 사고 패턴에 더 생산적이거나 평화로운 사고 패턴으로 개입하면 이완과 신경계 조절에 도움이 된다. 예시를 살펴보자.

- 생각과 감정에 이름 붙이기(다음 페이지 참조)
- 자격이 있는 치료 전문가에게 이야기하기
- 믿을 수 있는 친구에게 말해 사회적인 지지 얻기
- 긍정적인 확신(83페이지 참조)
- 감사하는 마음 기록(87페이지 참조)
- 마음챙김, 특히 생각과 감정에 집중(64페이지 참조)

상향식 접근법:

몸에 기반한 기법은 생각, 느낌, 뇌의 화학 작용을 더 좋은 방향으로 바꿀 수 있다. 예시를 살펴보자.

- 요가 아사나(167페이지 참조)
- 호흡 요법(프라나야마) (31페이지 참조)
- 태극권(161페이지 참조)
- 춤(173페이지 참조)
- 샤워 등 일상 활동에서 의식적으로 움직이기 (134페이지 참조)
- 걷기 명상(다음 페이지, 144페이지 참조)

걱정에 이름 붙이기

나를 산만하게 하는 것에 이름을 붙이면 이를 완화하는 데 도움이 된다. 앉아서 5~10분 동안 조용히 명상하며 아래의 하향식 기법(마음이 몸에 영향을 주는 방식)을 활용해보자.

1. 나를 현재의 순간에 묶어둘 수 있는 닻 한 가지를 선택한다. 날숨이나 지면을 딛고 있는 발바닥의 물리적인 감각 등이 될 수 있다. 자기에게 맞는 닻을 선택하면 된다.

2. 이렇게 선택한 닻에서 마음이 멀어지는 때를 알아차린다. 마음이 방황할 때마다 현재의 순간으로 돌아오는 연습을 하는 기회로 삼는다.

3. 한 단어로 나를 산만하게 하는 것에 이름을 붙인다. '생각', '계획', '평가', '걱정', '느낌' 등으로 붙이면 된다. 이렇게 자기가 집착하는 것에 이름을 붙이는 것만으로도 마음이 이를 해결한 것 같은 느낌을 받을 수 있고, 내가 선택한 닻으로 다시 돌아올 수 있다.

걷기 요법

산만함, 안절부절못함, 불안함은 움직여야 할 필요가 있음을 나타내는 경우가 많다. 짧은 산책도 매우 효과적인 상향식(몸이 마음에 영향을 주는 방식) 요법으로, 불안에서 용기로 뇌의 상태를 바꿀 수 있다.

1. 등을 곧게 펴고 서서 걷기 시작한다. 이때 자세를 알아차린다.

2. 발바닥이 지면을 디디는 느낌을 알아차린다.

3. 호흡을 알아차린다. 몸의 움직임에 따라 호흡이 자연스럽게 맞추어질 수 있다.

4. 주변을 알아차린다. 눈으로 주변 풍경을 살펴보면서 한눈에 볼 수 있는 모든 것을 본다. (눈을 측면으로 움직이는 것은 걸으면서 주변을 살필 때 자연스럽게 일어나는 움직임인데, 뇌의 두려움 중추인 편도체를 비활성화하는 데 도움이 된다.)

5. 마음이 산만해지면 1~4단계에서 설명한 의식 포인트 중 한 곳으로 돌아온다.

더 많은 도움이 필요하면…

명상은 전반적인 걱정과 일상의 불안을 완화할 수 있다. 그렇지만 심한 불안이나 임상적으로 진단을 받았을 경우 단독적인 치료법으로 활용할 수는 없다. 본인이 이런 경우에 해당한다면 의료진과 상의하고 자격이 있는 치료 전문가와 함께하는 것이 좋다.

기폭제와 공황발작 관리하기

공황이 찾아오면 마음을 통제할 수 없는 것처럼 느껴진다.
심지어는 유체 이탈을 하는 것처럼 느껴질 수도 있지만,
명상으로 마음을 다잡을 수 있다.

신체적인 공황발작으로 이어지는 심각한 불안이 상당히 두려울 수 있다. 이를 일차로 방어하는 차원에서 어떤 일이 일어나는지 이해하는 것은 큰 도움이 된다.

자기의 기폭제 이해하기

정신의학 박사 스티븐 포지스가 고안한 '신경지(neuroception)'라는 용어는 신경계가 어떤 상황이 안전한지, 위험한지, 또는 치명적인지를 무의식적으로 탐지하는 방법을 의미한다. 트라우마나 불안이 조건으로 작용하면 데이터를 잘못 해석할 수 있다. 그래서 실제로는 안전한데도 뇌에서는 최악의 상황이라고 생각하게 된다. 오랜 기간 명상을 수련하면 외부와 내부의 메시지를 더 잘 읽어내 신경지를 개선하고, 뇌에서 잘못된 알람이 울리는 횟수를 줄일 수 있다.

공황 인식하기

공황발작의 일반적인 징후에는 빠른 심장 박동, 호흡 곤란, 어지러움, 과도한 땀, 몸의 떨림, 가슴 통증, 메스꺼움 등이 있다. 이런 유형의 압도적인 불안을 겪는 사람은 생각보다 많다. 자신이나 사랑하는 사람이 공황발작을 겪고 있는 경우, (또는 심장마비 등의 다른 질병이 있다면) 필요하면 의사에게 지원을 받고, 다음 페이지에서 설명하는 3-3-3 구조 기법을 활용해 현실로 돌아오도록 한다.

감정의 빛

공인 사회복지사인 뎁 다나가 정의한 '빛(glimmer)'이라는 말은 기폭제의 정반대 개념이다. 이는 기쁨, 희망, 안전하다는 느낌을 유발한다. 기폭제와 공황발작이 있다면, 삶의 빛이 되는 순간을 찾아보자. 많은 도움이 될 것이다. 피부로 느껴지는 따스한 햇살이나 상쾌한 바람, 무지개나 반려동물의 사진, 모르는 사람과 함께 웃는 모습 등 작더라도 편안함을 가져다주는 것이면 뭐든지 말이다. 하루 중에 이런 빛이 되는 순간에 의식적으로 감사하는 시간을 갖자. 그리고 소소한 선행으로 이 빛을 나누어보자(78페이지 참조).

3-3-3 구조 기법

기폭제를 건드리는 사람과 대화를 한다든가 사고 후에 재적응하는 등 스트레스를 받는 순간에 공황이 찾아올 것 같으면 3-3-3 구조 기법으로 자신을 다잡아보자.

1. 주변에서 들리는 것 세 가지를 찾는다. 먼 곳의 소리(거리의 소리 등)와 가까운 곳의 소리(자기 목소리와 호흡 소리 등)를 듣는다.

2. 주변에서 보이는 것 세 가지를 찾는다. 속으로 또는 소리 내어 그것을 말한다. 예를 들면, '문', '꽃', '내 신발', '천장' 등이 있다.

3. 세 가지 신체 부위를 움직이고 그 촉각을 알아차린다. 발가락을 움직여 발바닥이 지면에 닿는 느낌, 손을 서로 맞대는 느낌, 걸으면서 느껴지는 다리의 움직임처럼 간단한 것도 좋다.

이제 단순하게 호흡을 느껴본다. 호흡 속도가 느려지고 더 부드러워졌을 것이다. 조금 더 진정하고 다잡아야 할 것처럼 느껴지면 (가능하면 자연에서) 산책하거나 내가 믿는 사람과 이야기를 나누는 것도 좋다. 인간은 사회적 동물이므로 신경계를 조절하는 데에는 다른 사람과의 관계가 매우 중요하다.

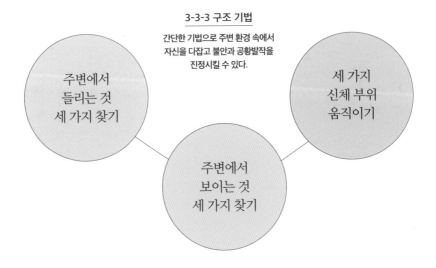

3-3-3 구조 기법

간단한 기법으로 주변 환경 속에서 자신을 다잡고 불안과 공황발작을 진정시킬 수 있다.

주변에서 들리는 것 세 가지 찾기

세 가지 신체 부위 움직이기

주변에서 보이는 것 세 가지 찾기

관계와 사회적 상황

학교에서는 사회적인 상황과 사회적 불안을 대처하는 방법을 배우지는 않는다.
그렇지만 우리의 더 나은 삶과 신경계 조절에는 필수적인 기술이다.

당혹감이나 어색함과 같은 현실의 인간적인 감정에 대처하기란 쉽지 않다. 그러나 이런 감정이 자기를 압도하고 다른 사람과의 상호작용을 방해한다면 지치게 된다. 사회적인 상황에서 부산해진 마음을 다잡는 비결은 바로 머릿속의 여러 가지 생각을 애써 잡으려 하지 않는 것이다. 생각을 멈추고 의식적으로 흘려보내는 법을 배우면 그런 생각을 처리하고 조절하는 데 도움이 된다.

1분 명상
사회적인 상황에서 진정하기

사회적인 상황에 대비하거나 당혹스러운 상황에서 회복하는 쉽고 효과적인 방법은 호흡할 때마다 '내려놓는다'라고 말하는 것이다. 마시는 숨에 '내려'라고 말하면서 수용적인 감정을 불러일으킨다. 그리고 내쉬는 숨에 '놓는다'라고 말하면서 놓아주는 느낌을 불러일으킨다. 필요한 만큼 호흡하면서 이 말을 반복한다.

어색함을 느낄 때

어색함이 나쁜 것만은 아니다. 매력적으로 느껴질 수도 있고, 마음의 장벽을 허물 수도 있으며, 약간은 별나도 진정성 있다고 느껴질 수 있다. 어색하다고 느껴지면 자신이 인간임을 상기하며 건강하게 자신을 받아들이도록 해보자. 어색할 때 위축되는 느낌을 덜 받으려면 호흡을 조절해 편안한 에너지를 만들어본다(51페이지 참조). 침착하게 현재에 머물게 되면 다른 사람도 편안하게 느끼고, 위축되는 느낌이 유대감으로 바뀐다. 가볍게 대화를 나눌 때는 천천히 호흡하고 진지하게 경청한다.

많은 관중 앞에서 무대에 올랐는데 미끄러져서 넘어졌다고 해보자. 말처럼 쉬운 일은 아니지만, 툭툭 털고 일어나면 다른 사람들이 얼마나 따뜻한 마음을 지녔는지를 보고 놀랄지도 모른다. 실수는 사람을 더 가깝게 느끼게 만들어준다. 창피함에 매몰되지 말고, 누구나 불안감과 연약한 자아가 있다는 점을 기억하자. 최고의 약은 미소와 웃음이다. 그렇지만 아직 그럴 준비가 되지 않았다면 호흡하면서 내려놓는다(왼쪽 참조).

가면 증후군

내가 어떤 역할에 정말로 적합한 사람인지 갑자기 의심해본 적이 있는가? 때때로 마음은 지나치게 신중과 안전을 추구해 우리를 속이기도 한다. 이런 마음의 환상을 극복하려면 지금까지 내가 얼마나 발전해 왔는지를 생각해보면 된다. 과거의 내가 지금을 보고 자랑스러워할까? 과거에 지금의 모습을 꿈꾸었는가? '할 수 있다', '완벽이 아닌 발전하는 것', '비교는 기쁨을 앗아가는 것', 또는 '최고의 순간은 아직 오지 않았다'와 같은 만트라를 반복하는 것도 좋다.

비위 맞추기

대부분 스트레스 반응으로 투쟁, 도피, 얼어붙는 것까지는 알지만, 네 번째로 잘 알려지지 않은 반응이 있다. 바로 '아첨'이다. 다른 사람의 비위를 맞추어 그들의 요구를 들어주는 것으로 갈등을 피하려 한다. 이런 유형에 해당하는 사람은 공감을 잘하고 다른 사람들을 읽어내는 재주가 있다. 그런데 과연 자기 자신은 제대로 읽을까? 명상은 자기의 요구와 욕망을 더 잘 깨닫게 도와주고, 마음이 내키지 않으면 '아뇨, 괜찮아요'라고 말하도록 힘을 준다. 아이러니하게도 비위를 맞추는 유형은 다른 사람이 자기를 더 좋아하게 만들지 못한다. 다른 사람의 존중을 자아내는 것은 건강한 경계 설정과 자기 존중이다. 자기 확신을 갖기가 어렵거나 우유부단해서 걱정이라면 다음 기법을 따라 해보자.

무엇을 원하는지 정하기

다른 사람의 비위를 맞추고 있고, 무엇을 해야 할지 모르겠다면, 이 명상법으로 내가 진짜로 원하는 게 무엇인지 정해보자(우유부단한 친구를 위해서도 이 방법을 활용할 수 있다).

1. 동전을 든다.
2. **앞면**은 '예' 또는 지금 하던 일을 그대로 하는 것이다. **뒷면**은 '아뇨, 괜찮아요'라고 하거나 지금 하던 일을 멈추는 것이다.
3. 동전을 던져서 받는다.
4. **어떤 결과가 나오든**, 눈을 감고 의식적으로 몸에서 어떤 느낌이 느껴지는지 알아차린다. 안도감과 편안함이 느껴지는가, 아니면 긴장감이 느껴지는가? 이 느낌은 몸이 알려주는 직관과 지혜. 그리고 찾으려는 정답일 수 있다.

침착하게 현재에 머물게 되면 다른 사람도 편안하게 느낀다.

강한 감정

질투나 부러움처럼 강력한 감정은 자기 파괴적인 행동으로 이어질 수 있다. 부러움은 질투와는 다르지만, 둘 다 일종의 집착이라는 점은 비슷하다. 질투는 내 것이 위협받는다고 느낄 때 발생한다. 부러움은 내가 바라는 것을 다른 사람이 갖고 있을 때 나타난다. 이런 감정에 압도된다고 느껴지면 오른쪽의 명상에서 설명하는 것처럼 그냥 멈춘다.

옛말에 비교가 기쁨을 앗아간다는 표현이 있다. 이는 연구로도 입증된다. 이상적인 소셜 미디어의 사진과 자기를 비교하면 자존감과 정신 건강에 부정적인 영향을 미치는 것으로 밝혀졌다. 이에 맞서기 위해 의식적으로 부러움을 알아차리고, 이를 감탄과 존경으로 전환한다. 그리고 감사하는 마음을 기록하거나(87페이지 참조) 자비를 나눈다(79페이지 참조).

(87페이지 참조)

(79페이지 참조)

1분 명상
STOP: 의식적으로 잠시 멈추기

의식적으로 멈추기는 밥 스탈, 엘리샤 골드스타인의 『A Mindfulness-Based Stress Reduction Workbook(마음챙김 명상 워크북)』에서 발췌한 기법이다. 이는 자극과 반응 사이에 공간을 만들어서, 비난하는 마음보다는 호기심을 가지고 깊이 생각한 다음 반응할 수 있게 한다. 사랑하는 사람에게 손을 뻗어야 하는지, 또는 일어난 일을 처리하고 명확하게 파악하기 위해 더 길게 명상을 수행할 공간이 필요한지를 인식하는 데 도움이 될 것이다.

Stop 멈춘다.

Take breath 천천히 호흡한다.

Observe 무엇이 느껴지는지 관찰한다. 몸에서 어떤 느낌이 느껴지는가?

Proceed 의식적으로 적절한 행동을 취하거나 취하지 않는다.

고스팅 당했을 때

좋아하는 사람이 내 연락에 반응이 없을 때, 내 삶에 기꺼이 함께하고자 하는 사람에게로 주의를 돌린다. 감사하는 마음이 드는 세 명을 생각해보고, 그들이 웃으며 건강하게 지내는 모습을 상상한다. 그들에게 왜, 또는 얼마나 감사하는지 메시지를 보낸다.

포모
(FOMO, Fear of Missing Out)

소셜 미디어가 중요한 세상에서 끊임없이 자기 삶을 다른 사람의 삶과 비교함에 따라 포모(소외되는 것에 대한 두려움)가 만연하다. 명상을 장기간 수련하면 현재에 만족하게 되기 때문에 포모도 해소된다. 매일의 마음 챙김은 현재의 순간에 대한 호기심과 끊임없는 흥미를 유발하므로, 지루함과 아무 생각 없이 스크롤을 내리는 행위에서 벗어날 수 있다.

명상은 포모를 조모(JOMO, Joy of Missing Out, 소외되는 것의 즐거움)로 바꾼다. '기분을 좋게 하는' 화학 물질과 호르몬이 균형을 찾고, 단순함에서 즐거움을 찾는 방법을 배우기 때문이다.

명상은
자기의 요구와 욕망을
더 잘 깨닫게 도와준다.

집중과 초점 개선하기

달리기 경주에 나서기 전에 몸을 풀어야 하는 것처럼, 업무, 공부 같이 집중해야 하거나
대중 연설처럼 도전적인 일을 하기 전에 마음도 준비가 필요하다.
명상은 집중력을 향상시키는 훈련소로도 알려져 있다.

명상 수련으로 주의가 산만해지는 것을 방지하고, 현재로 돌아올 수 있는 정신적인 근육을 강화할 수 있다. 명상으로 휴식을 취한 뒤에 적극적인 정신으로 업무에 임하면 생산성이 많이 향상된다. 명상과 호흡 수련은 업무를 시작하기 전의 역동적인 몸풀기 역할을 하거나, 다시 집중하기 위한 전략적인 휴식으로 기능할 수 있다.

새로운 초점 찾기

요가에서 제3의 눈이라고도 하는 아즈나 차크라는 신비롭게 여겨진다. 눈을 감고 의식을 양 눈썹 사이로 집중하면 눈에 보이지 않는 제3의 눈이 열려서 더 위대한 지혜와 직관, 자각을 얻을 수 있다고 한다. 해부학적으로 제3의 눈이 존재하는 것은 아니지만, 명상은 이마 뒤에 있는 이마앞엽 겉질(전전두엽 피질)이라는 뇌의 영역을 활성화하는 것으로 잘 알려져 있다. 이 영역은 업무, 복잡한 인지에 집중하고 주의가 산만해지는 것을 막는 데 관여한다.

집중 명상

일반적인 집중 기법은 앉아서 몇 분 동안 호흡하면서 제3의 눈에 집중하는 것이다. 수련을 수월하게 하려면 전략적으로 소리를 활용해도 좋다(137페이지 참조).

1. 천천히 깊게 몇 번 호흡한다.
2. 양 눈썹 사이의 영역에 의식을 집중하고 응시한다. 강제적이라는 느낌이 들면 눈 근육의 힘을 풀고 제3의 눈을 계속해서 의식한다. 편안해지면 눈을 감는다.
3. 5분 정도 이 영역에 부드럽게 집중한다.
업무 전이나 짧게 휴식을 취할 때 해보자.

좋은 유형의 스트레스

업무 프레젠테이션을 하려고 마이크를 잡거나 무대에 오르려고 하면 땀이 나고 얼굴이 붉어지며 입안이 건조해지거나 금속 맛이 느껴지는가? 시험을 보기 전에 숨이 가빠지는가? 이는 몸이 스트레스 반응, 즉 교감 신경계(50페이지 참조)를 활성화하면 나타나는 증상이다. 그런데 스트레스는 나쁜 것이 아닌가? 사실 스트레스가 항상 나쁜 것만은 아니다. 실제로 스트레스에는 두 가지 유형이 있다. 하나는 디스트레스(distress, 일반적으로 '스트레스'라고 할 때의 의미)고, 다른 하나는 유스트레스(eustress, 동기를 부여하는 긍정적인 스트레스)다. 행복감을 뜻하는 단어인 euphoria와 어근이 같은('eu'는 '좋음'을 의미) 유스트레스는 디스트레스와 다른 생리학적 변화를 유발하는 것으로 알려져 있다. 이런 변화에는 심혈관계 부담 감소, 심장의 손상 치유를 촉진하는 사랑 호르몬인 옥시토신의 분비 등이 있다. 명상 기법은 디스트레스를 유스트레스로 전환해 침착하고 명료하게 집중하는 상태로 그 어떤 과제나 업무도 해낼 수 있게 한다. 다음 페이지에서 설명하는 수련법을 시도해보자.

긍정적인 스트레스

긍정적인 스트레스(업무 프로젝트 참여, 영감을 주는 창의적인 공연, 용기 있는 행동 등)를 유스트레스라고 하며, 회복탄력성을 촉진한다.

부정적인 스트레스

실제 또는 상상의 스트레스, 즉 디스트레스(마감일이나 공연 또는 시험 결과에 관해 걱정하는 것 등)는 세포와 체내 시스템에 부담을 준다.

교호 호흡

요가 수련에서 종종 활용하는 교호 호흡은 균형 있게 중심이 잡힌 느낌을 주고 침착하게 만들어주어 집중력 향상에 매우 좋다.

1. 오른손을 본다(이 호흡은 어느 손으로 해도 상관없지만, 설명하는 내용은 오른손잡이를 기준으로 한다). 엄지손가락과 약손가락을 서로 맞댄다. 이 두 손가락은 콧구멍을 막는 역할을 한다.

2. 엄지손가락으로 오른쪽 콧구멍을 막는다.

3. 왼쪽 콧구멍으로 숨을 천천히 내쉰 다음 마신다. 3초를 세면서 호흡해도 좋고, 편하게 해도 좋다.

4. 약손가락으로 왼쪽 콧구멍을 막고 오른쪽 콧구멍을 열어준다.

5. 오른쪽 콧구멍으로 숨을 내쉬고 마신다.

6. 반대쪽 콧구멍으로 바꾸어서 숨을 내쉰 다음 마신다. 몇 분 정도 번갈아 가며 호흡한다. 내쉬고, 마시고, 반대쪽으로 바꾼다는 것만 기억하자.

(손을 활용하기 어렵다면 손은 쓰지 않고 콧구멍이 한 쪽씩 막혔다가 열린다고 상상해보자. 한쪽 콧구멍으로 호흡이 드나드는 것을 느끼고 반대쪽으로도 똑같이 해본다.)

교호 호흡

엄지손가락으로 한쪽 콧구멍을 막고
숨을 내쉰 다음 마신다.

약손가락으로 반대쪽 콧구멍을 막고
숨을 내쉰 다음 마신다.

압박감을 느낄 때 일어나 성공하기

대중 연설이든 시험이든, 최고의 상태로 임해야 한다면 디스트레스를 유스트레스로, 두려움을 용기로 바꾸어보자. 무대에 오르거나 시험을 보기 전에 인지하고, 재정의하고, 자기를 다잡아서 임무에 집중하자.

1. 스트레스 인지하기: 우선 몸의 스트레스 반응을 인지한다. 내 몸에서 어떤 반응이 느껴지는지 본다.

2. 스트레스 재정의하기: 내 몸이 요구에 부응하는 것이다. 내 심장은 뛰면서 에너지를 주고, 스트레스 호르몬은 몸을 매우 기민하게 만들어준다. 지금 하는 일은 매우 중요하며, 내 몸은 내 성공에 도움을 주고자 한다.

3. 자기를 다잡고 일어나기: 스트레스를 받으면 대개 가슴으로 얕게 호흡하게 된다. 그러니 호흡을 복부까지 깊게 하면서 그에 따라 몸이 자연스럽게 움직이도록 한다. 또한 의식을 아래로 끌어내려서 지면을 딛고 있는 발바닥을 느낄 수도 있다. 땅을 딛는 것은 다시 일어나 용기를 갖고 어려움에 맞서는 데 도움이 된다.

기술과 잠시 멀어지기

기술은 문제를 해결하지만, 종종 문제를 일으키기도 한다.
화면을 보는 시간이 많아지면 주의가 산만해지고 생활에 지장을 줄 수도 있으며, 중독되기도 한다.
따라서 가끔은 멀어지는 시간을 갖는 것도 좋다.

디지털 세계는 우리에게 끊임없이 엄청난 콘텐츠를 보여준다. 그러나 인간의 뇌는 그렇게 많은 정보를 눈 깜짝할 새에 처리할 수 없다. 인간의 뇌는 눈의 움직임을 따라 천천히 변화의 맥락을 이해하도록 만들어졌다. 처음에는 하늘을, 다음으로는 오두막을, 그리고 나무를 보는 것처럼 말이다. 그런데 이제 사람은 정치는 물론 새끼 고양이, 학창 시절 사귀었던 사람이 다른 연인을 만나서 환하게 웃는 모습까지 맥락을 획획 넘기면서 본다. 이에 따라 압도되는 느낌을 받을 수 있으며, 화면의 청색광에 노출되어 생물학적 주기 리듬이 방해(102페이지 참조)받을 수 있다. 따라서 화면 스크롤을 잠시 멈추고 짧은 명상으로 휴식하는 것이 좋다.

1분 명상
메시지를 보내서 후회하지 않기

전송 버튼을 누르고 후회했던 적이 있는가? 메시지를 보내기 전에 잠시 멈추고 눈을 감거나 화면에서 눈을 떼고 숨을 깊게 세 번 쉬어보자. 그런 다음 전송 버튼을 누르는 것을 몸이 어떻게 느끼는지를 바라본다. 필요하면 메시지를 다시 쓰거나 제대로 생각할 시간을 갖기 위해 메시지를 보내지 않는다.

기술 중독이라면?

앱은 중독성이 있고 사용자의 참여를 유도하도록 설계되어 있다. 뇌에서는 도파민이라는 강력한 화학 물질을 만드는데, 특히 순간의 쾌락이 기대될 때 분비된다. 소셜 미디어 게시물의 '좋아요' 숫자부터 도박에서 이기는 것까지, 도파민은 더 많은 것을 바라며 행위를 반복하게 만든다. 그것이 자신에게 좋지 않더라도 말이다. 어떤 앱을 생각보다 더 많이 사용하는가. 명상을 연습하고 하루 종일 마음챙김을 실천하면 문제를 인식하는 첫 번째 단계에서 도움을 받을 수 있다.

기술 때문에 좌절할 때

링크를 찾느라 화상 통화에 늦은 적이 있는가? 최악의 타이밍에 화면이 정지했는가? 기술 때문에 좌절감이 느껴지면 때때로 명상(또는 최소한 명상하는 것과 같은 순간)이 필요하다. 이를 통해 **인지하고, 재정의하고, 반복해** 평정심을 유지할 수 있다.

인지하기

'나는 기술하고 친하지 않다'거나 '나한테만 이런 일이 일어난다' 등 떠오르는 생각을 알아차린다. 그런 생각이 사실이 아니라는 점과 모든 사람이 기술 문제를 겪는다는 점을 기억하자. 또한 잠시 멈추고 휴식해야 할 때가 언제인지를 인지한다. 기술 때문에 좌절할 때 선택할 방법은 두 가지 있다.

재구성과 반복

자기를 비난하는 생각을 '기술을 배우는 중이다'라거나 '이 문제를 직면할 수 있다'는 식으로 바꾼다. 자기에게 진실하고 건설적이라고 느껴지는 것을 선택한다. 도움이 되지 않는 사고 패턴을 잘 인지할수록 이런 생각을 더 빨리 그만둘 수 있다. 새로운 생각을 몇 번 반복해 만트라가 될 수 있도록 한다.

휴식 후 돌아오기

시간이 늦었거나 피곤하면 잠시 멈추고 휴식을 취해야 한다. 이 섹션의 명상법이나 걷기 명상(144페이지 참조)을 해본다. 새로운 마음으로 돌아와 문제를 해결한다. 전자 제품의 기술적인 문제를 해결하려고 말 그대로 다시 시작하거나 선을 뽑는 경우가 가끔 있다. 그런데 신기하게도 우리 역시 그렇게 해야 할 필요가 있다.

화면을 그만 보고 휴식하는 요가

아래의 눈 운동과 함께 화면을 그만 보고 휴식을 취해보자. 따스한 느낌을 주는 짧은 명상으로 눈 근육을 이완할 수 있다.

1. 눈을 몇 번 깜박인다.
2. 멀리 있는 것을 바라본다(이때 화면은 바라보지 않는다). 잠시 시야가 흐려지도록 둔다.
3. 코끝 등 가까이 있는 것을 바라본다.
4. 위, 아래, 오른쪽, 왼쪽을 바라본다. 그러고 나서 눈을 시계방향과 시계 반대 방향으로 굴린다.
5. 양손을 비벼서 따뜻하게 만든다. 그 손바닥을 눈 위에 올려놓고 다섯 번 정도 호흡한다(안경을 쓰는 경우 먼저 안경을 벗는다). 손의 온기가 느껴지고 눈 주위 근육이 이완된다.

아무 생각 없이 하는 스크롤 멈추기

소셜 미디어는 끊임없이 스크롤하거나 화면을 옆으로 밀도록 만들어졌다. 그렇지만 거기에 중독되지는 말자. 내가 좀비처럼 생각 없이 스크롤하고 있다는 것을 알아차렸다면, 다음과 같이 해본다.

1. 화면에서 손을 뗀다. 무릎이나 심장 위에 손을 올린다. (필요하면 손을 깔고 앉는다!)
2. 자세를 조정한다. 등을 곧게 세우고 앉는 것만으로도 좀비가 되는 저주에서 벗어날 수 있다. 통증도 완화할 수 있다. 머리가 앞으로 나오는 자세는 목과 어깨 근육을 과도하게 긴장하게 만들기 때문이다.
3. 속으로 질문한다. 지금 도움이 되는 것이 무엇인가? 산책인가? 누워서 이완하는 것인가? 오디오 명상인가? 조용히 앉아 있는 것인가?

휴대전화를 옆에 내려놓고 내 몸과 마음을 다시 연결해 좀비 스크롤링의 저주에서 벗어나자.

둠스크롤링(Doom scrolling)

조회수를 높이기 위해 부정적인 내용이 많은 뉴스를 지나치게 많이 보면, 일종의 비관론에 빠질 수 있다. 그것이 잘못은 아니다. 인간은 신경학적으로 위험을 예측하고 예방하도록 만들어졌다. 위협 탐지는 필요할 때 도움이 되는 가장 원시적인 능력이다. 그러나 지구 반대편에서 벌어지는 일에 관해 읽다보면 무력함과 힘에 부친다는 감정을 느끼게 된다. 티베트 불교 최고의 기법인 통렌(티베트에서는 주고받음을 의미)으로 감정의 연금술사가 되어보자.

숨을 마신다. 좌절감, 다른 사람의 고통을 보며 느껴지는 아픔, 우울함 등 현재의 감정을 인지한다.
숨을 내쉰다. 연민, 자비, 빛 등을 발산한다고 상상한다.
천천히 몇 번 호흡하면서 필요한 만큼 이 시각화를 반복한다.

피로를 풀고 회복하기

현대의 세상은 너무나 정신없다.
일과 일상생활, 여행, 가족, 사회적 삶을 바쁘게 살면서
우리 대부분은 대체로 기진맥진한 상태가 된다.
그렇지만 이런 상황에서도 에너지를 재충전할 시간을 찾을 수 있다.

명상이 가르쳐주는 한 가지 중요한 기술은 바로 언제 끝까지 밀고 가도 괜찮고, 언제 쉬어야 할지를 직관적으로 아는 것이다. 마감일이 다가올 때는 다음 페이지의 왼쪽에 나온 에너지를 충전하는 수련법으로 피로에 맞서야 할 것이다. 반대로 지칠 대로 지쳤다고 느껴지면 다음 페이지의 오른쪽에 나온 수련법으로 회복해야 한다.

모든 것이 너무나 버겁게 느껴지면 여기에 설명된 명상을 시도해 자기에게 휴식을 선사해보자.

생각을 광활하고
푸른 하늘로
천천히 날아가는
비눗방울이라고 상상한다.

부담을 내려놓는 명상

내 어깨가 세상의 모든 짐을 짊어진 것 같은 느낌이 들 때가 있다. 10분 정도의 시각화 명상으로 천천히 부담을 줄여보자.

1. 발을 높게 두고 눕는다. 베개나 쿠션으로 다리의 높이를 높여서 소파에 누워도 좋고, 바닥에 누워 종아리를 의자 위에 올려 두어도 좋다.
2. 떠오르는 생각의 속도와 유형을 알아차린다.
3. 생각을 광활하고 푸른 하늘로 천천히 날아가는 비눗방울이라고 상상한다. 자연스럽게 현재의 순간에 있는 휴식 장소로 돌아오면 이런 비눗방울은 자유롭게 떠다니다가 터지기도 한다.

에너지를 충전하기 위한 수련

요가: 후굴 자세나 서서 하는 강한 자세, 또는 선 자세에서 무릎 꿇은 자세까지 일련의 움직임과 호흡이 조화를 이루는 태양 경배 자세를 한다.

호흡 요법: 숨을 마신 다음 잠시 멈추는 역삼각형 호흡법을 수련한다.

• 편안하게 느껴지는 시간(2, 3, 4, 5, 6, 7초) 동안 호흡하면서 아래 그림처럼 따라 한다.

정지

마시기　　　　내쉬기

호흡 요법: 오른쪽 콧구멍으로 하는 호흡은 교감 신경계 활동을 높이는 것과 연관되어 에너지를 준다. 수련 방법은 다음과 같다.

• 왼쪽 콧구멍을 막는다.
• 눈을 뜨고 수련해 각성 상태를 유지하도록 한다.
• 에너지를 더 충전할 수 있도록 들숨에 의식을 더 집중한다.
• 오른쪽 콧구멍으로 천천히 열 번 정도 호흡한다. 또는 위의 역삼각형 호흡을 한다.

명상: 등을 곧게 세우고 앉아서 제3의 눈 쪽으로 시선을 약간 올리거나(66페이지 참조) 걷기 명상 (144페이지 참조)을 한다.

회복을 위한 수련

요가: 전굴 자세, 바닥에서 하는 자세, 또는 베개 나 쿠션, 기타 소도구를 활용해 몸을 받치고 길게 유지하는 원기 회복 요가를 한다.

호흡 요법: 숨을 내쉰 다음 잠시 멈추는 삼각형 호흡법을 수련한다.

• 편안하게 느껴지는 시간(2, 3, 4, 5, 6, 7초) 동안 호흡하면서 아래 그림처럼 따라한다.

마시기　　　　내쉬기

정지

호흡 요법: 왼쪽 콧구멍으로 하는 호흡은 부교감 신경계 활동을 높이는 것과 연관되어 이완에 좋 다. 수련 방법은 다음과 같다.

• 오른쪽 콧구멍을 막는다.
• 괜찮으면 주의가 산만해지는 것을 막기 위해 눈 을 감고 수련한다.
• 내려놓는 느낌이 들도록 날숨에 의식을 더 집중 한다.
• 왼쪽 콧구멍으로 천천히 열 번 정도 호흡한다. 또는 위의 삼각형 호흡을 한다.

명상: 베개를 베고 담요를 덮고 누워서 요가 니드 라(170페이지 참조), 또는 자비 명상(79페이지 참 조)을 한다.

기억력 향상하기

열쇠를 까먹거나 사람 이름을 자꾸 잊어버리는가?
많은 사람이 노화에 따라 기억력이 감퇴한다는 사실을 받아들인다.
그렇지만 나이와 관계없이 기억력을 증진할 수 있다.
명상으로 현재의 순간에 대한 의식을 높이고 스트레스로 인한 부담을 줄이면
기억력이 좋아질 수 있다.

나이가 들거나 만성 통증, 우울증, 트라우마가 있으면 기억력과 관련된 뇌의 영역(해마)이 줄어드는 것은 사실이다. 그러나 이 과정은 되돌릴 수 있다.

명상과 마음챙김 프로그램은 해마의 크기를 키우는 것으로 증명되었다. 그 결과 건강한 사람과 인지 능력이 감퇴하는 사람 모두에게서 기억을 불러오는 능력과 작업 기억이 개선되고, 집중력과 인지 능력이 향상되었다.

치매와 싸우기

치매 증상을 개선하는 약물과 치료법이 새로 개발되고 있지만, 이를 기적적으로 완치하는 방법은 현재 없다. 그러나 명상과 마음챙김 수련이 치매의 진행 속도를 늦추고 삶의 질을 개선하는 데 도움이 된다는 희망적인 연구 결과가 있다. 쿤달리니 전통에서 몇 가지 손동작을 곁들여 반복적인 찬팅과 함께 노래하는 키르탄 크리야 명상(다음 페이지 참조)으로 임상 실험을 한 것이다. 그리고 알츠하이머 질병과 관련해 긍정적인 결과를 보였다. 마음에 만성적인 스트레스가 미치는 부정적인 효과를 상쇄하고, 일부 경우에는 기억 상실까지 되돌렸다. 이런 결과 덕분에 명상은 치매와 관련 질병의 의학적인 치료와 함께 보완적인 요법으로 주목받고 있다. 게다가 주기적으로 명상을 수련하면 나이가 들면서도 뇌 건강이 유지되도록 보호할 수 있다.

기억력 명상

키르탄 크리야로 불리는 12분짜리 명상은 언제든지 수련할 수 있다. 그러나 아침에 하는 것이 좋다. 혼자 하거나 단체로 해도 좋다. 반복적인 손의 움직임은 뇌 활동을 자극하고 집중력을 높이는 데 도움이 된다. 설명을 읽은 다음 눈을 감고 익히거나, 'meditationfortherealworld.com/memory'에 있는 동영상을 보고 따라 해도 된다.

1. 의자나 바닥에 등을 곧게 세우고 앉는다.
2. 손바닥이 위를 향하게 허벅지에 손을 올려놓는다.
3. 양손을 동시에 움직인다. 엄지손가락과 **집게손가락**을 맞대고 '**사**'라고 길게 반복해 발음한다. 엄지손가락과 **가운뎃손가락**을 맞대고 '**타**'라고 길게 반복해 발음한다. 엄지손가락과 **약손가락**을 맞대고 '**나**'라고 길게 반복해 발음한다. 엄지손가락과 **새끼손가락**을 맞대고 '**마**'라고 길게 반복해 발음한다. (손가락끼리 맞대기 어려우면 최대한 손가락을 그 방향으로 움직이고 서로 맞닿는 모습을 그려본다.)
4. '**사-타-나-마**' 만트라를 노래한다. 첫 네 음은 동요 '떴다 떴다 비행기'와 똑같게 하면 된다.
5. **필요하면 타이머를 사용해 다음과 같은 패턴으로 운동을 반복한다.** 처음 2분간은 만트라를 **소리 내어** 노래한다. 다음 2분간은 만트라를 **속삭인다.** 그리고 다음 4분간은 **소리를 내지 않고 만트라를 반복한다.** 다시 2분간 만트라를 **속삭인다.** 마지막으로 2분간 만트라를 소리 내어 노래한다.
6. **익숙해지면 소리가 정수리로 들어와서 양 눈썹 사이에 있는 제3의 눈으로 나간다고 상상한다.** 이때 눈은 감는다.

키르탄 크리야 기법

키르탄 크리야에서 반복하는 네 가지 손동작(무드라)은
집중력을 높여준다.

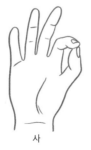   

| 사 | 타 | 나 | 마 |

타인에 대한 연민과 연결성

연민과 상냥함은 명상의 주춧돌이다.
다른 이들을 뒷받침해줄 뿐만 아니라, 자신의 더 나은 삶에도 좋다.

자원봉사 활동을 하는 사람들이 더 오래 살고, 소소한 선행으로 행복이 몇 주간 계속 이어진다는 것은 입증된 사실이다. 다른 사람을 위해 좋은 일을 하면 뇌의 기쁨과 보상 중추를 활성화해 엔도르핀 분비를 촉진하고, 과학자들이 '헬퍼스 하이(Helper's High, 남을 돕고 난 후의 심리적 포만감-옮긴이)'라고 부르는 상태가 된다.

1분 명상
소소한 선행

성찰하기: 오늘 다른 사람을 어떻게 웃게 했는가? 그들이 웃는 모습을 상상하면서 편안하게 있는다. 그대로 30초간 있으면서 어떤 느낌이 드는지 알아차린다.

성찰하기: 오늘 어떤 선행을 할 것인가? 지금 그 일을 하자. 감사하는 사람에게 고맙다는 문자를 보내거나 외로워하실 할아버지나 할머니께 전화를 드리는 것처럼 작은 행동일 수도 있다. 이후에 짧은 명상으로 몸에서 어떤 느낌이 드는지 관찰한다.

나에게 먼저 상냥해지기

많은 사람이 자신에게 상냥해지기를 어려워한다. 완벽주의가 있다면 특히 더 그럴 것이다. 비현실적인 기준에만 매달리면 자신(그리고 다른 사람)을 과도하게 비난할 수 있다. 이는 정신 건강에도 좋지 않은 영향을 준다. 그러나 자기 연민을 수련하면 그런 날카로움이 줄어들 수 있다.

친한 친구나 아이에게 말하듯이 자기에게 부정적인 말 대신 더 상냥한 언어로 바꾸어 말해본다. 자신에게 자비와 연민의 마음을 보낼 때는 자기를 어린아이라고 생각한다. 그리고 타인에게까지 연민의 마음을 확대한 다음, 자비 명상의 2단계를 반복해 자기에게도 넘치는 사랑을 준다. 타인에 대한 연민을 수련하고 나면 이는 한층 더 쉬워질 것이다.

자비(메타) 명상

오늘 나를 위해, 혹은 타인을 위한 '자비'가 필요하다면? 화가 나거나 당혹스럽거나 아프다고 느낄 때 등, 언제든지 이 명상법으로 자신에게 자비를 보낼 수 있다. 특히 다른 사람들과 더 많이 연결되고 인내심을 갖는 데 도움이 된다.

1. 편안한 자세를 잡는다. 앉거나 누워서 잠시 천천히 호흡하며 에너지를 정돈한다.
2. 아래의 구결(또는 자기가 원하는 말)을 반복한다. 이를 통해 자신에게 자비를 보낸다. 이때 편안한 빛이 몸에서부터 퍼져 나오는 모습을 상상한다.

> "내가 안전하기를"
> "내가 건강하기를"
> "내가 즐겁기를"
> "내가 고통에서 벗어나기를"
> "내가 편안하기를"

타인에게 자비를 보내는 수련을 하려면 다른 사람을 상상해야 한다. 우선은 누구를 대상으로 할지 정한다.

존경하는 사람: 존경하는 개인(또는 집단)을 생각한다. 나를 직접 도와주었거나 나에게 영감을 주어서 감사하는 사람이다.

사랑하는 사람: 나에게 자연스럽게 긍정적인 감정을 불러일으키는 사랑하는 사람(또는 집단)을 생각한다. 지금 깊이 생각하는 사람, 나를 웃음 짓게 하는 사람을 생각한다.
모르는 사람: 상점의 계산대 바로 앞에 선 사람처럼 아무나 모르는 사람을 선정한다.
어려운 사람: 짜증 나는 직장 동료나 아침 출근길에 새치기한 사람 등 나에게 약간 어려운 사람(또는 집단)을 선정한다.
모든 존재와 생명: 의식을 더 확장해 모든 사람, 동물, 식물, 지구 전체를 상상한다.

이제 수련할 준비가 되었다.

1. 편안하게 앉거나 눕는다. 앞에서처럼 잠시 천천히 호흡하며 에너지를 정돈한다.
2. 생각하는 사람(또는 집단)을 대상으로 아래의 구결을 반복한다. 반복할 때마다 그들이 웃는 모습과 빛으로 가득한 모습을 상상한다.

> "그들이 안전하기를"
> "그들이 건강하기를"
> "그들이 즐겁기를"
> "그들이 고통에서 벗어나기를"
> "그들이 편안하기를"

트라우마에서 회복하기

트라우마에서 치유되는 길은 일직선으로 곧게 뻗어 있지 않다.
해결되지 않은 트라우마 때문에 과거의 일을 계속 생각하거나,
앞으로 다가올 수 있는 위험에 어떻게 반응할지 대비하는 것을 반복할 수 있다.
명상은 머릿속 세상에서 벗어나 현재 일어나는 일을 바라보게 한다.
그러면 신경계에서는 몸의 신호와 주변 환경을 더 정확하게 해석할 수 있게 된다.

명상은 우리의 생각, 감정, 또는 우리 삶에서 일어나는 사건이 우리 자신을 정의하지 않는다고 가르친다. 명상의 바탕이 되는 철학에서는 그 어떤 사람도 망가져서 고쳐야 하는 존재가 아니라고 말한다. 여러분은 완전한 존재이며, 여러분(그리고 모든 사람)에게는 마음의 평화가 있으며 이를 드러내야 한다. 먼지와 오물로 뒤덮인 조명을 상상하자. 명상은 이 조명을 깨끗이 닦아 다시 빛나게 만들어줄 수 있다.

트라우마와 뇌

트라우마를 겪으면 뇌에 일어나는 몇 가지 공통적인 변화가 있다. 두려움 중추(편도체)가 과도하게 활성화되어 무해한 자극도 기폭제가 된다. 기억 중추(해마)의 기능이 저하되고, 그 결과 브레인 포그(머리가 멍해지면서 인지 기능과 집중력, 주의력이 저하되는 상태-옮긴이) 상태가 된다. 그러면 신체 감각을 처리하는 데 관여하는 뇌의 영역이 영향을 받아 아주 가벼운 접촉도 아프게 느껴질 수

있다. 이마앞엽 겉질(전전두엽 피질)의 기능도 저하되어 일상에서 감정을 조절하기 어렵게 된다. 신경 회로의 변화는 감각적·감정적으로 어찌할 바를 모르게 만든다.

다행히 명상과 의식적인 움직임을 수련하면 경험을 통한 신경계의 적응 능력(신경가소성)으로 트라우마가 유발한 뇌의 잘못된 변화를 되돌릴 수 있다. 이런 수련은 명상의 바탕이 되는 철학이 내적인 성장을 뒷받침해 트라우마와 외상 후 스트레스 장애(PTSD)의 회복을 돕는다.

PTSD 외에도 외상 후 성장(PTG)이라는 현상이 있다. 힘든 운동으로 근육을 한계까지 쓰면 근육 표면에 미세하게 상처가 생기고, 이 상처가 회복되면서 근육이 더 강해진다. 이와 마찬가지로 트라우마를 겪은 사람도 내적인 성장, 심오한 깨달음, 전폭적인 변화를 통해 더 강해진다고 한다.

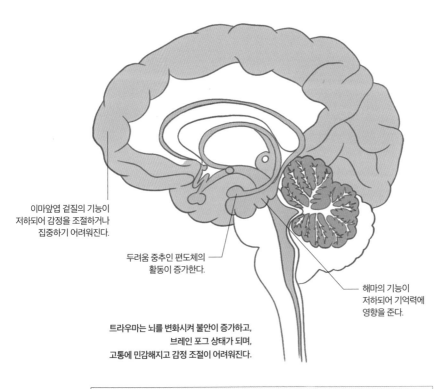

이마앞엽 겉질의 기능이
저하되어 감정을 조절하거나
집중하기 어려워진다.

두려움 중추인 편도체의
활동이 증가한다.

해마의 기능이
저하되어 기억력에
영향을 준다.

트라우마는 뇌를 변화시켜 불안이 증가하고,
브레인 포그 상태가 되며,
고통에 민감해지고 감정 조절이 어려워진다.

도움 받기

명상은 건강을 증진하는 통합적인 방법 일부이며, 이것만으로 심각한 정신 건강 문제를 해결하기는 어렵다는 점을 기억해야 한다. 정신 건강 전문가의 도움을 받고, 자신을 지원해주는 시스템을 구축하도록 한다. 명상 수업이나 개별적으로 수련을 도와줄 선생님을 찾는 것도 도움이 된다. 이를 혼자 할 필요는 없으며, 그래서도 안 된다.

트라우마를 극복하는 명상

이 부분을 읽고 있다면, 어떤 일을 경험하는 동안 마음을 진정시키는 방법을 찾고 싶은 사람일 수 있다. 언제든지 자기를 위한 시간을 내어 휴식하고 회복하는 일은 매우 중요하다.

자기 연민: 치유와 성장에 지름길은 없다. 자신에게 너그러워지도록 한다.

몸 인지하기: 문제가 내 몸의 세포에 내재한다는 사실을 기억한다. 일반적으로 트라우마에 대해서 나타나는 반응에는 몸을 분리해 생각하는 것이 있다. 그렇지만 트라우마는 가슴이 답답하거나 소화 불량 등 신체적인 통증이나 불편감으로 나타나기도 한다. 보디 스캔 같은 수련은 몸과 마음을 다시 연결하는 데 도움이 된다. 그러나 항상 내가 편안한 곳에서 머물고, 필요하면 내가 안락하다고 느끼는 장소를 상상(다음 페이지의 왼쪽 단 참조)하는 것도 좋다.

안전한 장소: 명상 쿠션, 요가 매트 또는 명상하는 장소를 안전한 장소라고 생각한다. 수련은 내가 하는 것이다. 편안하게 느끼는 자세를 찾고, 눈을 감을지는 전적으로 내 선택에 달려 있음을 기억한다. 원한다면 눈을 뜨고 부드럽게 응시해도 좋다. 또한 언제든지 필요하면 내가 안전하다고 느끼는 공간을 상상해도 된다. 바다일 수도 있고 사랑하는 강아지와 함께 있는 공간일 수도 있다.

안락한 곳에 머물기: 어떤 명상과 호흡법은 이완하는 느낌이 없거나 불편할 수 있음을 인지한다. 수련의 어떤 부분을 할지 말지는 전적으로 내 선택에 달렸다.

트라우마 기폭제

기폭제가 작동하는 느낌이나 압도되는 느낌, 공황발작이 오는 것 같은 느낌을 받으면 언제든지 사랑하는 사람, 의료 전문가, 전문 치료사의 지원을 받도록 한다.

안전한 장소 시각화하기

언제든지 정신적으로 찾아갈 수 있는 안전한 장소를 상상하는 일은 긴장을 푸는 데 매우 도움이 된다. 이 방법은 감정이 격해지고 두려움이 느껴지는 상황에서 평온함과 안도감을 준다. 너무 버겁다는 느낌이 들면 언제 어디서든 이 명상법을 시도해볼 수 있다.

1. 언제, 어디에서 가장 편안함을 느끼는가?
2. 안전하고 편안한 실제 또는 상상의 장소를 시각화한다.
3. 자연 속에 있을 수도 있고, 사랑하는 사람과 함께 있거나, 정말 좋아하는 편안한 의자에 앉아 있거나, 구름 위를 떠다닐 수도 있다. 전에 가 본 적 있는 장소거나 언젠가 가고 싶다고 생각하는 곳일 수도 있다. 어디든지 마음이 가는 곳이면 된다.
4. 내 모든 감각을 동원해 그곳에 있다고 상상한다.
5. 무엇이 보이고? 무엇이 들리는가? 냄새와 맛은? 몸에서는 무엇이 느껴지는가?
6. 몸과 호흡이 이 시각화에 어떻게 반응하는지 알아차린다.
7. 원하는 만큼 이 상태에 머무른다.

이 안전한 오아시스에 하루 중 언제라도 다시 올 수 있음을 기억하자. 또는 밤에 잠들기 위해서 이 방법을 활용할 수도 있다. 수련을 많이 할수록 안전하다는 느낌을 더 쉽게 받을 수 있게 될 것이다.

트라우마를 극복하는 긍정의 말

긍정적인 확신은, 일상생활에서 필요할 때마다 또는 앉아서 만트라 명상 중에 활용하면 우리에게 힘을 준다. 원하는 긍정의 말을 반복할 때마다 뇌가 더 건강한 사고 패턴을 갖도록 재구성된다.

1. 아래 문장 중 하나를 만트라로 삼아 몇 번 호흡하는 동안 또는 몇 분 동안 반복하거나 하루 중에 떠올려본다. 아래 문장 중에서 하나 선택해도 좋고, 내 몸에서 옳다고 느껴지는 것을 만들어도 좋다. 눈에 보이는 곳에 적어서 붙여 놓을 수도 있다.

"나는 안전하다."
"나는 중요한 사람이다."
"나는 사랑받을 자격이 있다."
"나는 사랑받는다."
"나는 혼자가 아니다."
"일어난 일이 나를 규정하지 않는다."
"나에게는 선택권이 있다."
"나는 어떤 사건으로 규정되지 않는다."
"나는 내가 치유되는 것을 허락한다."

삶에서의 역경

명절에 고향에 가거나 이사, 가족 모임에 가거나 결혼 등
스트레스를 받을 수 있는 일 때문에 나의 평정심이 깨지기도 한다.
심지어 이런 일을 고대하는 상황이어도 말이다!

삶에서의 역경은 회복탄력성을 길러준다. 운동은 기본적으로 근섬유를 찢는 행위지만 근육은 회복하면서 더 강해진다. 마찬가지로 삶에서 겪는 여러 어려움은 성장할 기회를 준다. 다른 사람에게 많은 영감을 주고 영향력을 발휘하는 사람 대부분은 그런 모습이 되기까지 상당한 고난을 겪었을 것이다.

생물학에는 호르메시스라는 개념이 있다. 이는 세포와 유기체가 스트레스에 적응하는 반응을 말한다. 즉, 스트레스는 여러분을 죽이지 않고 강하게 만들어주며, 이 현상은 세포 차원에서 일어난다. 마찬가지로 명상과 호흡 요법은 어려운 시기를 헤쳐 나가고 내면이 더 단단해지도록 도와준다.

회복탄력성 기르기

정기적으로 명상을 수련하면, 새로운 신경 통로가 만들어져 스트레스에서 회복할 수 있도록 도와주므로 회복탄력성을 기를 수 있다. 축구를 배울 때, 짝꿍과 함께 반복 연습을 한다. 큰 경기에서 중요한 순간이 아닌,

실수를 많이 해도 괜찮은 안전한 환경에서 기술을 연마하는 것이다. 이와 비슷하게, 명상을 하려고 앉았는데 마음이 번잡해 실망할 수도 있다. 특히 스트레스받는 일을 생각하면 더 그럴 수 있다. 심장이 더 빨리 뛰고 가슴이 답답해지는 것을 느낄 수도 있다. 그렇지만 그래도 괜찮다. 의식을 다시 현재로 돌릴 수 있기 때문이다. 이는 감정을 조절하는 능력을 키워준다.

또한 생리학적 상태를 의도적으로 빠르게 전환하는 능력을 기를 수도 있다. 이는 마음을 훈련하는 것과 같다. 예를 들어, 가족이 나를 건드리는 말을 하거나 집을 사는 절차가 지연될 때, 심장이 빨리 뛰는 것을 느낄 수 있다. 그렇게 감정이 고조되는 순간에 신경계를 조절하는 능력이 발휘될 수 있다. 모든 스트레스 요인을 다 통제할 수는 없겠지만, 그에 대한 반응을 통제하는 방법을 배울 수는 있다. 그리고 이것이 명상을 수련이라고 하는 이유다.

변화의 순간

보통 결혼, 추모식, 이별, 이혼 등은 삶에 엄청난 변화를 준다. 이런 변화는 삶에서 가장 어려운 시기일 수도 있지만, 가장 변혁적인 시기이기도 하다. 내가 이렇게 어려운 변화의 순간에 있다면, 잠시 멈추어서 아래처럼 해보자.

깊게 호흡을 몇 번 한다. 한 번 뒤집었다가 내려놓은 스노우볼처럼 내 생각과 에너지가 길게 숨을 내쉴 때마다 차분히 가라앉는다고 상상한다.

아래의 8자 모양 그림처럼 천천히 열 번 호흡하면서 에너지가 가라앉는 동안 **몸의 느낌을 알아차린다.**

지금 감사한 마음이 드는 사람이 누구인지 떠올린다. 괜찮으면 눈을 감고 이 사람을 상상하며 몇 번 더 천천히 호흡한다.

비상시 빠르게 진정하는 방법

감정이 격해져서 진정해야 할 때 이 기법을 활용할 수 있다. 지금 연습해보면서 실제로 삶에서 어려운 일이 생겼을 때를 대비하자. 이 방법은 사각형 호흡 또는 상자 호흡이라고 불린다. 정사각형이나 상자의 4면처럼 4단계에 걸쳐 똑같은 시간 동안 호흡하기 때문이다. 이 기법은 미국 네이비실(Navy SEAL)에서 스트레스가 엄청나게 높은 상황에 활용한다. 전쟁 중 습격으로 인한 스트레스를 견디는 데에 도움을 주었던 기법을 배워서, 부모님을 만나러 가는 스트레스에 잘 대처할 수 있다.

1. 4초 동안 숨을 마신다. 4초가 불편하면 3초로 조정한다.

2. 4초 동안 숨을 참는다.

3. 4초 동안 숨을 내쉰다.

4. 4초 동안 숨을 참는다. 진정될 때까지 몇 번 반복한다.

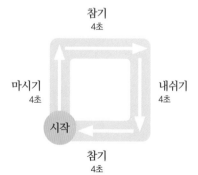

감사하는 마음 기록하기

어려움을 겪는 시기에 초점을 감사하는 마음으로 돌리면 도움이 된다. 연구에 따르면 매일(또는 일주일에 한 번이라도) 감사하는 마음을 일기에 적으면 수면, 건강한 습관, 정신 건강을 개선하는 데 상당한 효과가 있다고 한다. 이를 정기적으로 하거나 긍정적인 마음을 키우고 싶을 때 하면 좋다. 감사하는 법을 수련하면 감사하는 마음이 더 커지는 긍정적인 고리가 형성된다. 미국의 그레이터 굿 사이언스 센터(Greater Good Science Center)에서 펴낸 『감사의 과학』이라는 백서에는 감사하는 마음이 어떻게 더 나은 삶을 살 수 있게 하는지에 관한 연구 내용을 풍부하게 수록되어 있다. 여기에 그 연구에서 사용된 가장 효과적인 방법을 요약해 놓았으니 시도해보자.

1. **감사하는 대상 세 가지에서 다섯 가지를 적는다.** 대상은 사람, 사건, 기회 등 무엇이든 생각나는 것이 될 수 있다.

2. **각 대상에 감사하는 이유를 생각해본다.** 그리고 이유를 적는다.

3. **감사하는 마음을 제대로 표현하지 못한 사람(최소한 한 명)에게 긍정적인 감사의 메시지나 편지를 쓴다.** 그리고 이것을 보낸다.

4. **하나 또는 모든 감사하는 마음을 기록하는 활동을 마치고 나면 5분 정도 타이머를 맞추고 지금 어떤 느낌인지에 집중한다.** 신체적, 감정적, 그리고 영적으로 어떤 느낌인지 알아차린다. 숨을 내쉴 때마다 이완하면서 그 느낌에 더 집중한다.

정기적으로 명상을 수련하면
새로운 신경 통로를 만들어
스트레스에서 회복하도록
도와주므로 회복탄력성을 기를 수 있다.

어렸을 때부터 명상하기

학교에서는 읽고 쓰는 법과 계산하는 법을 가르치지만,
행복하고 건강한 삶을 유지하는 방법은 알려주지 않는다.

전 세계적으로 아동과 청소년의 불안과 우울증이 증가하고 있다. 명상과 마음챙김 프로그램은 아이들의 스트레스, 주의력, 불안, 우울증, 고통을 관리하는 데 도움을 주는 것으로 나타났다. 이런 프로그램은 이제 학교와 임상 실습에도 적용된다. 아동 교육에서 주목받는 영역인 아동의 사회적·감정적 학습을 개선하는 것으로 나타났기 때문이다.

아동과 청소년의 뇌는 발달 중이어서 명상과 마음챙김 수련에 특히 빠르게 반응한다. 그래서 인지 능력과 감정 조절 능력을 개선하는 데 매우 효과적이다. 한 연구에 따르면 명상이 학업 성취도는 물론 집중력, 인지적 기능과 유연성, 작업기억을 크게 개선하고 정보 처리 속도도 더 빠르게 만들어준다고 한다. 또한 명상과 요가는 주의력 결핍 과다 행동 장애(ADHD)가 있는 아동의 과다 행동과 충동적 행동을 줄이고 집중력을 개선하는 데 효과가 있는 것으로 나타났다. 한 번의 세션만으로도 사고 능력과 문제 해결 능력이 개선되었다. 게다가 부모가 ADHD가 있는 아동과 함께 명상을 배우면 가족 관계도 개선된다.

유아에서 청소년까지

어린아이에게 명상을 가르치는 일은 말도 안 된다고 생각할 수 있다. 단 1분이라도 아이가 집중하게 만드는 일은 매우 힘들기 때문이다. 그러나 유아라도 즉각적으로 느낌이 달라지는 것을 경험할 수 있는 간단한 호흡법을 배울 수 있다. 조용히 앉아 있는 일이 꼭 '타임아웃'(문제 상황이 발생했을 때 잠시 그 상황을 중단하도록 하는 방법-옮긴이)이나 훈육일 필요는 없다. 오히려 귀중한 시간이 될 수 있다. 아이들은 부모의 행동을 따라 하므로 함께 명상을 배우면 매우 효과적이다.

청소년을 위한 명상은 대체로 성인이 하는 것과 비슷하다. 따라서 이 책에 소개된 명상 수련법이 많이 도움이 될 것이다. 아동의 경우에는 91페이지에 소개한 것처럼 모형, 게임, 이야기를 접목해 흥미를 붙이도록 한다.

감정 다스리는 법 배우기

학교에서 명상하는 법을 배운 학생들은 더 낙관이 되고, 자아 수용도가 높아지며, 긍정적인 감정을 더 많이 느낀다고 연구진은 말한다. 또한 자기 건강에 더 신경 쓰고, 반사회적인 행동(분노 등)보다는 친사회적인 행동(남을 돕는 일 등)에 더 많이 참여했다. 어느 학생은 "명상하면 마음이 진정되고 다른 사람과 싸울 필요가 없다는 생각이 든다"라고 말했다. 다른 학생은 "명상으로 더 침착해지고 다른 사람이 편하게 이야기할 수 있는 사람이 되었고, 나도 다른 사람의 말을 경청하게 되었다"라고 했다.

레인(RAIN) 기법

아이가 압도되는 느낌을 받는다면 감정이 어떻게 작동하는지를 알려주는 게 도움이 된다. RAIN(인지하기, 받아들이기, 조사하기, 동일시하지 않기) 기법은 명상 지도자 마이클 맥도널드가 처음으로 개발했다. 아래 방법은 아동용으로 만들어진 것이다. 이 방법으로 트라우마나 힘든 감정을 겪는 아이를 도울 수 있다. 아래의 약어로 명상 단계를 기억해보자.

1. Recognize 지금 가장 크게 느껴지는 감정을 **인지**하고, 이 감정이 어떤 것인지 알아차리려고 한다. 감정을 규정하면 그 감정이 더 잘 느껴지고 이에 대한 대처도 더 잘할 수 있다. 때때로 감정이 격해지면 이를 규정하고 길들여야 한다.

2. Accept **그 감정을 있는 그대로 받아들인다.** 감정은 모두가 느끼는 자연스러운 것임을 기억한다. 감정을 억지로 막기보다는 그대로 받아들인다. 치유하려면 먼저 감정을 느껴야 할 때가 있다.

3. Investigate **호기심을 갖고 지금 느껴지는 것을 조사한다.** 몸에서 무엇이 느껴지는지 알아차린다. 어떤 느낌이 나는가? (간지러움? 꽉 조인 느낌? 따뜻함? 불같은 느낌? 얼음 같은 느낌? 올라가는 느낌? 가라앉는 느낌?

그 느낌이 큰가? 작은가?) 몸의 어디에서 그런 느낌이 나는가? (머리? 가슴? 복부? 전신?)

4. Non-identify 이를 길들인다. 이것이 내가 아님을 기억한다. 아이에게 다음과 같이 말하며 앞으로 나아가도록 도와준다. "네가 [분노, 슬픔 등] 감정을 느낀다고 해서 네가 나쁘거나 [화난, 슬픈 등] 사람이라는 말은 아니라는 것을 기억하렴. 이 감정은 너의 정체성, 또는 진정한 너의 모습이 아니란다[이는 '동일시 하지 않기'라는 마음챙김의 핵심 개념이다].

무지개 호흡

무지개 그림을 활용해 아이가 압도되는 느낌을 받거나 당황할 때 명상 호흡으로 스스로 진정시키고 통제력을 되찾는 방법을 알려준다. 아이에게 무지개 그림을 그리게 하거나 예쁜 무지개 사진이나 그림을 이용한다.

1. 무지개의 보라색 아치의 가장 아랫부분에 손가락을 댄다.
2. 보라색 아치를 따라 손가락을 움직이며 숨을 마신다.
3. 파란색 아치에 손가락을 댄다.
4. 파란색 아치를 따라 손가락을 움직이며 숨을 내쉰다.
5. 무지개의 모든 색을 따라 그리며 계속 호흡한다. 이때 아치의 길이가 길어지면 호흡도 길어지도록 한다.

아이가 자기 자신과 타인에게 자비와 연민의 마음을 갖고, 자기의 감정을 길들이도록 격려한다. 이제 아이에게 스스로 진정하기 위해 무엇을 할 수 있을지 물어본다. 포옹하거나 자기 자신이나 자기가 사랑하는 사람에게 좋은 말을 해주거나 아래의 무지개 호흡 기법을 활용해 깊게 호흡하는 것 등을 제시할 수 있다.

아이가 숨을 마시고 내쉴 때 무지개의 색을 따라가도록 도와준다.

창의력 활용하기

일을 할 때든, 놀 때든, 문제를 해결할 때든, 인간은 모두 어느 정도 창의력을 발휘한다.
그러나 삶에서 많은 일이 일어나고 주의를 산만하게 하는 것이 많으면
창의적인 사고방식을 활용하기 어려울 수 있다.

더 창의적인 사람이 되고 싶다면, 혹은 지금 창의력이 '벽'에 부딪혔다면 명상이 도와줄 수 있다. 글쓰기 프로젝트 중이거나 시각적인 작품을 만드는 중이거나 삶에서 해결책이 필요한 상황에서 창의력이 필요하다. 아래에 설명한 것과 같은 명상 기법은 창의적으로 문제를 해결하는 데 필요한 유연성과 능숙함을 키워준다. 잠시 시간을 내어 명상을 하면 새로운 아이디어가 떠오르고 창의력이 넘쳐흐르게 할 수 있다.

창의력 명상의 원칙

세 단계로 구성된 반대 명상은 창의력이 넘치는 분위기를 적극적으로 조성하기에 매우 좋은 몸풀기 수련이다. 이 수련법의 단계는 다음과 같다.

1. 감각 알아차리기: 반대 명상을 수련할 때, 가장 먼저 손의 감각을 알아차린다. 면적은 작아도 손에는 엄청나게 많은 감각 수용체가 밀집되어 있으므로 감각에 집중하기에 가장 좋은 부위다. 좌뇌가 몸의 오른쪽을 통제하고 우뇌가 몸의 왼쪽을 통제하므로, 번갈아 가며 양손의 감각에 집중하면 뇌의 각 반구 사이를 연결할 수 있다.

2. 반대 모색하기: 다음으로 반대되는 감정과 아이디어를 모색한다(뜨거운 것과 차가운 것, 또는 팽창과 수축 등). 이렇게 하다 보면 모든 것이 단순히 흑백논리 또는 좋고 나쁨으로 나뉠 수 없고 때로는 동시에 존재할 수 있다는 점을 알게 된다. 또한 이 활동은 모든 것이 변한다는 사실 외에 변하지 않는 것은 없다는 점을 강조한다. 막히는 느낌을 받는다고 걱정할 필요는 없다. 이 상태는 변화무쌍하기 (그리고 심지어는 환상이기) 때문이다. 또한 이 활동으로 마음이 열리고 창의력이 흐르는 느낌을 받을 수 있다.

3. 오픈 모니터링: 마지막으로 오픈 모니터링이라는 기법을 시도한다. 현재 일어나는 모든 것에 마음의 문을 열고 떠오르는 생각과 감각을 알아차리고 흘려보내는 것이다. 과학자들은 이 방법으로 창의력의 상징인 확산적 사고를 향상할 수 있음을 발견했다.

창의력을 향상시키는 명상

아래 방법은 10~20분 정도 걸린다. 각 단계를 읽고 눈을 감은 다음, 명상을 한다.

1. 손바닥을 알아차린다. 왼손에 의식을 집중해 최대한 느낀다. 손에서 느껴지는 모든 감각과 진동을 **알아차린다.** 그러고 나서 의식을 오른손에 집중해 최대한 느낀다. 오른손에서 이런 감각을 유지하고 있음을 **알아차린다.** 다시 왼손에 의식을 집중해 잠시 느끼고, 다시 오른손을 느낀다. 번갈아 가며 **반복**하면서 속도를 높인다. 그리고 양손을 동시에 느끼며 몇 번 호흡한다.

2. 상상력을 동원해 이제부터는 개념적으로 더 나아간다. 확장되고 개방적이며 무한하고 경계가 없는 느낌을 **불러온다.** 잠시 하늘과 같은 확장성을 느낀다. 이제 수축하고 폐쇄적이며 작고 갇힌 듯한 느낌을 **불러온다.** 몸에서 어떻게 느껴지는가? 호흡에 어떤 변화가 있는가? 확장되고 개방적인 느낌으로 돌아가 잠시 유지한 다음, 수축하고 폐쇄적인 느낌에서 잠시 머무르며 점점 속도를 높인다. 그리고 두 가지를 동시에 **느껴보자.** 두 가지 느낌을 동시에 불러왔을 때 내 생각, 느낌, 호흡, 몸에 어떤 변화가 있는가?

3. 이제 의식을 확장하고 마음이 열린 채로 머무른다. 모든 생각이나 감각에 마음을 열어둔다. 그 어떤 편견 없이 떠오르는 것을 받아들인다. 창의력을 활용할 준비가 될 때까지 몇 분간 마음이 원하는 대로 하도록 둔다.

함께 명상하기

명상은 대체로 혼자서 하는 수련이라고 여겨진다. 그러나 인간은 사회적 동물이다.
우리는 집단일 때, 또 연인부터 친구, 반려동물에 이르기까지
다양한 파트너와 함께할 때 더 보람을 느낀다.

다른 사람, 특히 사랑하는 사람과 함께 명상을 하면 공동 조절(co-regulation)이라는 마법 같은 과정이 자연스럽게 일어난다. 즉, 나의 고통을 감지하고 "그냥 이해해주는" 사람과 함께 있으면, 혼자 있을 때보다 감정을 더 잘 조절할 수 있다는 뜻이다.

공동 조절

삶에서 스트레스를 겪으면 우리는 다른 사람의 지지를 구하게 되어 있다. 공동 조절이라고 하는 이 생물학적 과정은 미주 신경과 거울 신경 세포의 영향을 받는다. 사회적 유대감은 뇌의 거울 신경 세포를 활성화하고, 이는 주변 사람의 자세와 기분을 따라 하게 만든다. 사랑하는 사람과 함께 명상하거나 요가 수업에서 선생님의 움직임을 따라 할 때, 이런 친사회적인 신경망이 활성화되어 공감, 유대감, 편안함을 느낀다.

다른 사람과 어울리면 사회적 유대감에 관여하는 미주 신경(복부 미주 신경)을 통해 안전하다는 신호가 전달된다. 그러면 심박수와 혈압이 낮아지고 침착한 상태가 된다. 이런 반응은 특히 다른 사람과 명상할 때 많이 나타난다. (때때로 사교적인 상황에서는 더 명랑하고 활달해진다. 이에 관해서는 174페이지를 참조한다)

웃음 요가

이름이 웃기지만, 사실 웃음 요법은 불안과 우울한 증상을 줄이고 수면을 개선하는 것으로 알려져 있다. 웃으면 엔도르핀이 분비된다. 심지어 가짜 웃음조차도 효과가 있다. 그러니 다른 사람과 있을 때 자연스럽게 웃거나, 웃음 요가 그룹에 들어가보자. 특히 웃음 요가에는 재미있는 웃음 운동, 호흡 요법, 스트레칭, 명상 기법이 포함되는 경우가 많이 있다.

포옹의 힘

포옹은 스트레스 호르몬인 코르티솔을 줄이고, '포옹 호르몬' 또는 '사랑 호르몬'이라고도 불리는 옥시토신을 증가시킨다. 이는 다른 사람과의 유대감을 깊게 만들어준다. 포

옹과 마사지 요법을 통한 접촉은, 외로움을 낮추고 병을 예방할 수 있는 것으로도 나타났다. 반려동물과 함께해도 비슷한 결과가 도출되었다.

의식적인 접촉 명상

무릎에 반려동물을 앉혀놓거나 사랑하는 사람과 등(또는 무릎)을 맞대고 앉아서 명상하면 효과를 높일 수 있다.

1. 잠시 정돈한 다음 두 사람이 모두 편안하게 앉는다.

2. 유대감을 느끼는 사람 또는 반려동물과 접촉한 부위에 의식을 집중한다.

3. 상대방의 호흡, 맥박 등 느껴지는 것을 알아차린다.

4. 주의가 산만해지면 다시 접촉 부위의 느낌에 집중한다.

5. 편안하게 느껴지는 만큼 그 상태에 함께 머무른다. 시간이 지나면서 체내 리듬이 상대방과 동기화되는 것을 느낄 것이다.

다른 사람이나 반려동물과 함께 명상하면 공동 조절 과정으로 수련 효과가 높아진다.

CHAPTER 3

건강한 몸을 위한 명상

머릿속에서 나와 이제 몸을 살펴보자.
이번 장에서는 의식을 더욱 세부적으로 조정해 몸이 보내는 요청과
타고난 지혜를 더 잘 이해하는 데 도움이 되는 명상을 소개한다.
내 몸은 속삭임으로든 비명으로든 나에게 말을 걸고 있으며,
그 소리는 대체로 진정하라는 의미다.

만병통치약이 없듯이, 한 가지 명상법이 모든 상황에서 모든
사람에게 효과적인 것은 아니다. 이번 장에서는 수면을
개선하고 면역력을 향상하며 혈압을 낮추고 관절염, 허리
통증, 월경 전 증후군(PMS), 소화 불량, 두통 등 다양한 통증과
불편감을 완화하는 특수한 기법을 알아보겠다.
병원에서, 또는 회복을 돕기 위해 수술 후에 할 수 있는 수련법도
보게 될 것이다.

명상은 일반적인 건강 관리와 의학적 치료를 보완해
그 효과를 증진하고 더 빠르게 회복할 수 있게 돕는다.
명상할 때마다 내 건강에 투자하는 셈이다.

잠을 자기가 어려운가?

수면의 질이 높아지면 몸과 마음의 건강이 더 좋아질 수 있다.
마음이 번잡해 잠을 자지 못하거나 자다가 도중에 깼을 때는 명상으로 도움을 받을 수 있다.

밤에 잠을 잘 자면 마음이 평온해지고 명료하게 사고할 수 있다. 또한 기억력이 향상되고 기분이 좋아지며, 통증은 줄고 신진대사가 빨라지며 당분을 덜 원하게 된다. 그렇지만 수면장애는 매우 흔하다. 그 원인은 통증, 불안부터 생활 습관 등 다양하다. 명상은 이런 많은 문제를 해결하는 데 도움이 된다. 게다가 의식에 주의를 기울이면 내 행동이 수면에 어떤 영향을 미치는지 이해할 수 있다. 수면 문제의 흔한 원인 중에 나에게 해당하는 것은 무엇인가?

수면 문제의 흔한 원인

- 통증, 스트레스, 불안
- 카페인 섭취, 술, 약물
- 담배, 니코틴
- 잠이 드는 시간과 수면 시간의 잦은 변화
- 잠들기 2~3시간 전에 음식 섭취
- 잠이 들기 전에 물 섭취(한밤중에 화장실에 가려고 일어나게 됨)
- 운동 부족 또는 잠들기 전 매우 격렬한 운동
- 쾌적하지 않은 수면 환경(너무 덥거나 시끄러운 환경 등)
- 햇빛을 많이 보지 않음
- 전자기기 화면의 청색광처럼 인공조명이 잠자리와 가까움

연구로 증명된 명상의 효과

수많은 연구에서 명상이 수면의 질을 개선한다는 점이 증명되었다. 미국의사회 내과 학회지(JAMA Internal Medicine)에 게시된 임의의 대조군 실험에서는 단 6주간 매일 5~20분씩 마음챙김 명상을 수련했다. 그 결과 불면증, 피로, 우울증, 브레인 포그 등이 유의미하게 감소했다. 좋은 수면 환경과 양질의 수면을 위한 생활 습관 유지를 다루는 수면 위생 교육 프로그램에 등록한 대조군보다 마음챙김 명상 수련의 결과가 훨씬 좋았다.

벌 소리 호흡(113페이지 참조), 요가 니드라(170페이지 참조), 숨을 길게 내쉬는 호흡법(51페이지 참조) 등 잠이 드는 데 도움이 되는 몇 가지 기법이 있다. 근육이 자연스럽게 이완될 수 있도록 다음에 설명하는 점진적 근육 이완법(PRM)을 잠들기 전 이완 루틴으로 삼아도 좋다.

몸을 이완하고
마음을 진정시키기

점진적 근육 이완법(PMR)은 의도적으로 근육을 수축했다가 이완해 긴장을 푸는 체계적인 방법이다. 요가 수련 시 마지막 이완 자세 또는 요가 니드라에서 이를 해본 적이 있을 것이다.

이를 수련하려면 순차적으로 머리부터 발끝까지(또는 발끝부터 머리까지) 신체 각 부위를 수축했다가 이완한다. 이렇게 하면 머릿속을 괴롭히던 생각에서 주의가 분산되어 즉각적으로 마음이 진정된다. 또한 무의식적으로 긴장하고 있던 신체 부위를 알려주어 긴장을 내려놓도록 한다. 이를 통해 긴장되었을 때와 이완되었을 때의 차이를 신경계에서 전략적으로 학습하게 만들 수 있다. 기본적으로 PMR은 자연스러운 근육 이완제라고 할 수 있다.

그런데 PMR은 아주 오래된 수련법이 아니다. 에드먼드 제이콥슨이라는 미국 의사가 1920년대에 개발한 방법이다. 치유 분야에서 제이콥슨은 "이완을 발명한 사람"으로 유명하다. 그러나 그 누구도 이완을 발명할 수는 없다. 인간은 언제나 본연의 평온한 상태와 그 상태를 더 효과적으로 만들 수 있도록 몸과 마음을 훈련하는 방법을 다시 발견할 뿐이다. 제이콥슨이 이 기법을 고안한 것은 그의 환자들이 불안과 수면 문제에 더 잘 대처하게 만들기 위해서였다.

나만의 실험실
빠른 점진적 근육 이완법(PMR)

다음의 빠른 방법을 지금 적용해보고 PMR 기법의 효과를 체험해보자. 잠자기 전뿐만 아니라 이완이 필요한 그 어느 때라도 이 방법을 쓸 수 있다.

1. 앉아서 마시는 숨에 어깨를 귀 가까이 끌어 올린다. 얼굴 근육도 수축해 입술을 오므리고 찡그린 얼굴을 만든다.
2. 크게 숨을 내쉬며 어깨와 턱의 힘을 푼다.
3. 몇 번 깊게 호흡하면서 방금 수축했던 부분이 이전보다 이완된 느낌인지 알아차린다.

숙면 명상

자기 전에 전신 점진적 근육 이완법(PMR)으로 깊게 이완한다. 사랑하는 사람에게 아래 단계를 읽어달라고 해도 좋고, 지금 내용을 숙지한 다음 자려고 누웠을 때 머리부터 발끝까지 이 단계를 떠올려도 좋다. 처음에는 몇 가지를 빼먹을 수도 있지만, 크게 신경 쓰지 않아도 된다. 밤에 이완 루틴으로 이 단계를 차근차근 밟아본다.

1. 몸이 최대한 대칭이 되도록 등을 대고 눕는다. 옆 페이지의 그림처럼 팔과 손을 펼쳐 둔다.

2. 전신을 알아차린다. 천천히 의식적으로 몇 번 호흡하고 속으로 오늘을 마무리하겠다는 의도를 정한다. 내일은 새로운 날이므로 푹 쉬고 에너지를 충전한 상태로 일어날 것이다. 이 순간을 활용해 감사하는 대상을 떠올린다.

3. 머리 부위에서 느껴지는 감각을 알아차린다. 숨을 마시면서 얼굴을 찡그리듯 얼굴 근육을 수축한다. 숨을 내쉬면서 이완하고 얼굴 근육, 특히 턱의 힘을 뺀다.

4. 어깨를 알아차린다. 숨을 마시면서 어깨를 귀 쪽으로 끌어 올린다. 그리고 내쉬면서 이완한다. 어깨뼈가 귀에서 멀어지도록 끌어 내린다.

5. 의식을 팔로 가져간다. 양손으로 주먹을 꾹 쥐고 팔꿈치를 구부려 팔을 살짝 들어 올린다. 숨을 내쉬면서 이완해 팔을 바닥에 내려놓고 손가락에서 힘을 푼다.

6. 호흡에 따라 움직이는 복부를 느낀다. 숨을 마시고 배꼽을 등허리 쪽으로 당긴다. 잠시 수축했다가 힘을 푼다.

7. 골반, 허벅지, 엉덩이 근육을 알아차린다. 양쪽 엉덩이에 힘을 주어 바닥에서 들리는 느낌을 받는다. 내쉬는 숨에 힘을 푼다.

8. 다리 아래쪽과 발을 알아차린다. 부드럽게 발가락을 말았다가 발끝까지 길게 뻗는다. 그리고 이완한다.

9. 이제 다시 한번 누워 있는 전신을 알아차린다. 전신을 한꺼번에 수축한다. 얼굴, 어깨, 팔, 복부, 엉덩이, 발까지 모두 힘을 준다. 그리고 이완한다. 숨을 크게 내쉰다. 몸 전체에서 힘이 빠지는 것을 느낀다.

10. 호흡을 알아차리면서 숨을 내쉴 때마다 깊게 이완되는 것을 느낀다. 호흡을 센다. 호흡을 100부터 1까지 거꾸로 센다.
마시고 내쉬고: 100
마시고 내쉬고: 99
마시고 내쉬고: 98…

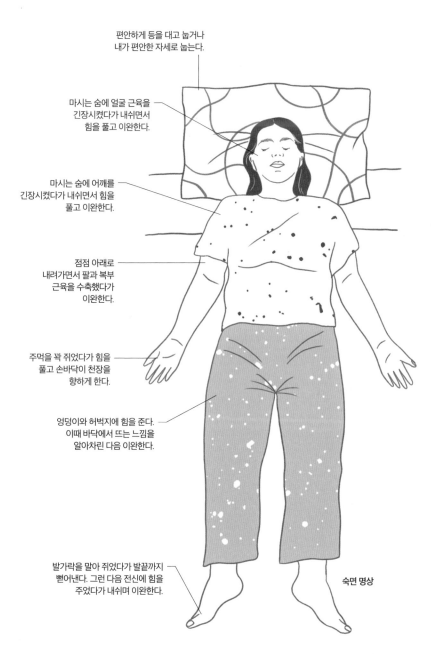

편안하게 등을 대고 눕거나
내가 편안한 자세로 눕는다.

마시는 숨에 얼굴 근육을
긴장시켰다가 내쉬면서
힘을 풀고 이완한다.

마시는 숨에 어깨를
긴장시켰다가 내쉬면서 힘을
풀고 이완한다.

점점 아래로
내려가면서 팔과 복부
근육을 수축했다가
이완한다.

주먹을 꽉 쥐었다가 힘을
풀고 손바닥이 천장을
향하게 한다.

엉덩이와 허벅지에 힘을 준다.
이때 바닥에서 뜨는 느낌을
알아차린 다음 이완한다.

발가락을 말아 쥐었다가 발끝까지
뻗어낸다. 그런 다음 전신에 힘을
주었다가 내쉬며 이완한다.

숙면 명상

생체 시계 리셋하기

날이 밝고 어두워지는 시간과 몸의 리듬이 맞추어지면
밤에 잠을 자고 낮에 활동할 에너지를 충전하는 데 도움이 된다.
하루 중에 짧더라도 명상을 전략적으로 수련하면 체내 생체 시계를 최적화할 수 있다.

건물 내부의 인공조명 아래에서 늦게까지 일하거나 야간 근무를 하며 바쁘게 살다보면 자연스러운 수면 패턴이 어그러질 수 있다. 24시간 주기의 생체 리듬은 주변 환경의 다양한 신호를 통해 발생한다. 일례로 망막은 자연광의 색을 받아들여 태양과 동기화되도록 도와주어 수면-기상 주기를 설정한다는 연구가 있다. 동이 틀 때의 파란색에 잠이 깨고, 한낮 태양의 밝은 빛으로 에너지가 최고조에 달한다. 해가 질 때의 따뜻한 색조는 멜라토닌 호르몬의 분비를 촉진해 잠을 자도록 한다. 이렇게 세 가지 시간대에 10분 정도 밖에 나가는 것이 가장 이상적이다. 창문 근처에 앉는 것도 좋다. 그렇지만 유리가 일부 범위의 빛을 차단하니 유의한다.

한밤중의 명상

밤에 자꾸 깬다면 다시 잠들 수 있도록 한밤중의 오아시스를 만들어보자. 시계를 보는 대신 눈을 감고 내면에 집중해 이완한다.

1. 눕기: 다시 자세를 잡고 5~10퍼센트 더 편안한 자세가 되도록 살짝 움직인다.

2. 깊게 호흡하기: 천천히 호흡한다. 복부까지 움직이도록 깊게 호흡한다. 숨을 내쉴 때마다 근육이 이완되도록 한다. 그러면 심박수도 낮아져서 잠이 들 것이다.

3. 전신 스캔하기: 천천히 의식을 머리부터 발끝까지 온몸에 집중한다. 의식이 전신을 훑으면서 점점 이완되는 것을 느낀다.

4. 생각의 속도 늦추기: 어떤 생각에 빠지게 되면 잠을 푹 자고 난 다음 날에 그 문제를 더 잘 해결할 수 있음을 상기한다.

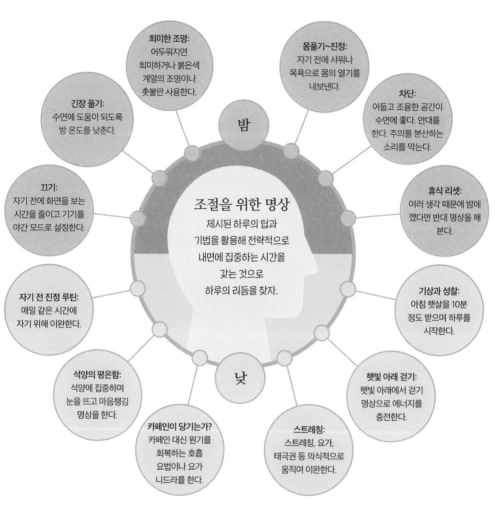

밤

희미한 조명: 어두워지면 희미하거나 붉은색 계열의 조명이나 촛불만 사용한다.

몸풀기~진정: 자기 전에 샤워나 목욕으로 몸의 열기를 내보낸다.

긴장 풀기: 수면에 도움이 되도록 방 온도를 낮춘다.

차단: 어둡고 조용한 공간이 수면에 좋다. 안대를 한다. 주의를 분산하는 소리를 막는다.

끄기: 자기 전에 화면을 보는 시간을 줄이고 기기를 야간 모드로 설정한다.

휴식 리셋: 여러 생각 때문에 밤에 깼다면 반대 명상을 해본다.

조절을 위한 명상
제시된 하루의 팁과 기법을 활용해 전략적으로 내면에 집중하는 시간을 갖는 것으로 하루의 리듬을 찾자.

자기 전 진정 루틴: 매일 같은 시간에 자기 위해 이완한다.

기상과 성찰: 아침 햇살을 10분 정도 받으며 하루를 시작한다.

낮

석양의 평온함: 석양에 집중하며 눈을 뜨고 마음챙김 명상을 한다.

햇빛 아래 걷기: 햇빛 아래에서 걷기 명상으로 에너지를 충전한다.

카페인이 당기는가? 카페인 대신 원기를 회복하는 호흡 요법이나 요가 니드라를 한다.

스트레칭: 스트레칭, 요가, 태극권 등 의식적으로 움직여 이완한다.

나만의 실험실

밤의 기록

밤에 잠을 특히 잘 자거나 못 잘 경우, 그렇게 되는 요인(카페인, 운동, 명상 등)을 기록한다. 하룻밤의 데이터만으로는 무엇이 영향을 미쳤는지 알기가 어렵다. 장기간에 걸쳐 추세를 보고 가장 효과적인 루틴을 만든다. 스마트 워치나 스마트폰의 수면 추적 앱으로 수면 패턴을 조사할 수도 있다.

면역력 키우기

명상은 면역 기능을 분자와 실질적인 수준 모두에서 개선하는 것으로 나타났다.
이는 바이러스 같은 침입자에 맞서 몸을 보호하는
단백질인 항체의 활동과 기능을 강화했기 때문에 가능한 것이다.

커피를 마실 때를 비롯해 하루 종일 몸 안에서는 눈에 보이지 않을 정도로 미세한 수준의 전쟁이 벌어진다. 자연살생세포라는 살벌한 이름의 NK세포를 비롯한 백혈구 군대가 혈류와 림프를 타고 순환한다. 그리고 우리를 아프게 만들 수 있는 병균 같은 침입자와 싸워야 하는 곳에 모인다. 아이러니하게도 우리가 내면의 평화를 함양하면 이런 세포가 더 효과적으로 싸우게 도울 수 있다.

자연적인 방어

일상적인 명상 수련과 건강한 생활 습관은 신체가 가장 잘하는 일, 즉 끊임없는 변화와 어려움에서도 균형을 유지하게 해준다. 숲에서 조용히 산책하는 활동을 예로 들면, 이는 NK세포 군단을 강화하는 데 효과적이다(153페이지의 자연과 연결성 느끼기 참조).

구체적으로는 자비를 함양할 때 면역 기능의 핵심 지표가 개선되는 것으로 나타났다. 자비는 여러 명상 전통의 핵심 내용이며, 보통은 타인의 고통 없는 삶을 소원하는 것으로 정의된다. 일부 연구에서는 자비를 단 몇분간 느끼는 것만으로도 면역 체계가 강화될 수 있다고 한다. 즉, 명상이 면역력과 건강에 미치는 강력한 영향력을 느끼기 위해 오랫동안 명상을 해야 할 필요가 없다는 말이다.

면역력 기르기

한 연구에서 참가자들에게 자기 심장 박동에 의식을 집중하고 5분간 편안하게 사랑하는 사람이 미소 짓는 모습을 떠올리면서 자비를 함양할 것을 주문했다. 이 시각화로 심박수가 낮아졌는데, 이는 이완되었다는 뜻이다. 또한 연구진은 병균을 포착하는 면역 체계의 항체인 SIgA(분비형 면역글로불린A) 수치를 측정했다. SIgA 수치가 높을수록 면역 체계가 몸을 보호할 준비가 잘 되어 있음을 의미한다. 자비심을 불러일으키는 활동은 SIgA 수치를 최대 240퍼센트까지 높이는 것으로 나타났다. 단 5분의 유대감과 자비를 느끼는 명상으로 항체가 강화되었으며, 이 효과는 1~6시간까지 지속되었다. 또한 참가자들은 명상하고 난 이후 하루를 보내며 에너지가 증가했다고 답했다. 자비심이 정신

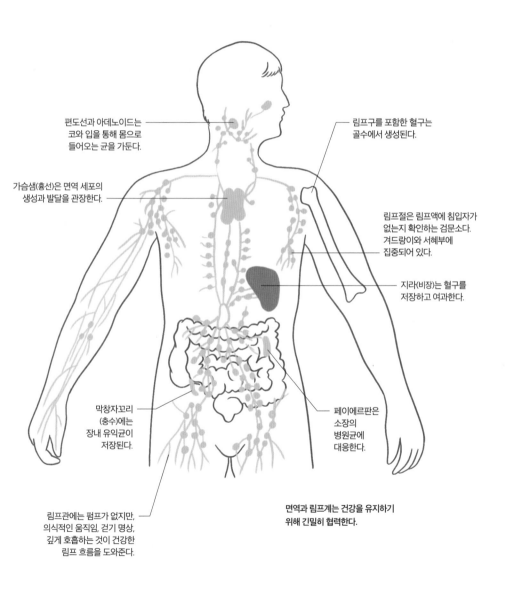

편도선과 아데노이드는
코와 입을 통해 몸으로
들어오는 균을 가둔다.

림프구를 포함한 혈구는
골수에서 생성된다.

가슴샘(흉선)은 면역 세포의
생성과 발달을 관장한다.

림프절은 림프액에 침입자가
없는지 확인하는 검문소다.
겨드랑이와 서혜부에
집중되어 있다.

지라(비장)는 혈구를
저장하고 여과한다.

막창자꼬리
(충수)에는
장내 유익균이
저장된다.

페이에르판은
소장의
병원균에
대응한다.

림프관에는 펌프가 없지만,
의식적인 움직임, 걷기 명상,
깊게 호흡하는 것이 건강한
림프 흐름을 도와준다.

면역과 림프계는 건강을 유지하기
위해 긴밀히 협력한다.

건강에 미치는 강력한 효과에 관해서는 78
페이지를 참조한다.

아픈 날을 줄여주는 명상

2018년에 미국의 한 임의 대조군 실험에서
413명의 참가자를 마음챙김에 따른 스트레
스 완화(MBSR - 16페이지 참조) 기법을 수련
하는 집단과, 운동을 하거나 아예 아무것도
하지 않는 대조군으로 나누어 비교했다. 이
를 통해 어느 쪽이 흔한 감기나 독감 같은 호
흡기 질환에 더 잘 걸리는지를 본 것이다. 운
동을 하면 면역력이 개선되는 것으로 알려
져 있으므로 대조군 중에서도 강력할 것으
로 보였다.

연구 결과 호흡기 질환으로 결근하는 일수
는 운동했던 집단(82일)과 대조군(105일)에
비해 마음챙김 수련 집단(73일)이 가장 적었
다. 다른 연구 결과에서도 명상과 운동이 아
픈 날을 줄이고 면역 기능을 강화하는 것으
로 나타났다.

자비가 차오르는 심장 명상

생리학적 변화로 면역 기능 개선과 스트레스
회복탄력성을 얻을 수 있는 것이 5분간의 자
비 명상이다. 타이머를 맞추고 한번 시도해
보자!

**1. 호흡할 때 실제 심장이 있는 부위에 집중
한다.** 심장 위에 손을 올려놓거나 마음속으
로 심장 부근에 의식을 집중한다.

2. 사랑하는 사람을 떠올린다. 그들이 웃는
모습을 시각화한다. 그들이 행복하고 편안하
다고 상상한다.

3. 호흡하면서 심장 부위에 의식을 집중하는
것과, 사랑하는 사람이 편안하게 있는 모습
을 상상하는 것을 번갈아가며 반복한다.

4. 5분 정도 이 명상을 계속한다.

아프다고 느낄 때

아플 때 명상으로 나아질 수 있다는 사실을 아는가?
마법처럼 모든 질병을 없애주지는 못하지만, 증상을 관리하는 데 도움이 될 수 있다.

명상은 염증과 계절성 질환에 걸릴 확률을 낮추어주는 것으로 나타났다. 그리고 병에 걸렸을 때 안정적으로 회복할 수 있도록 도와줄 수 있다. 연구에 따르면 명상과 마음챙김 수련이 스트레스 호르몬만이 아니라 혈액 속 주요 염증 인자도 크게 줄여준다. 따라서 몸과 면역 체계가 최고의 상태로 기능할 수 있게 한다. (소화 불량이 있다면 116페이지 참조)

1분 명상
약을 먹을 때

약을 먹기 전에 잠시 멈추어 마음챙김 시간을 갖는다. 우선 필요한 약을 올바른 용량으로 복용하도록 한다. 약을 먹은 다음에는 눈을 감고 몇 번 깊게 호흡한다. 그리고 복용한 약이 몸의 치유와 기능 회복을 돕는 것을 시각화한다.

백혈구는 혈액과 림프액을 따라 이동하면서 바이러스나 박테리아 같은 침입자를 공격한다. 그렇기 때문에 물을 많이 마시면 체액의 흐름이 원활해져 세포가 질병에 효과적으로 맞서 싸우고 노폐물을 원활하게 배출할 수 있게 된다. 아파서 누워 있을 때라도 깊게 호흡하면서 발끝을 밀었다 당겨주는 발목 운동을 가볍게 하면 순환에 더 도움이 된다.

호흡을 도와주는 엎드린 자세

배를 대고 엎드린 자세는 코로나19나 기타 호흡기 질환으로 호흡이 불편해졌을 때 증상을 완화할 수 있다. 엎드린 자세는 심장, 위, 유방 등 다른 장기와 세포의 무게를 덜어주어 폐에 가해지는 압박을 줄인다. 어떤 사람의 경우 심장 기능이 개선되고 막혀 있던 부비강이 뚫리기도 해 더 원활하게 깊은 호흡을 할 수 있다.

치유 시각화

호흡이 더 잘되도록 배를 대고 엎드린 자세에서 뺨을 바닥에 대거나 손이나 베개로 이마를 받치고 얼굴이 바닥을 향하도록 한다. (코가 막힌 게 아니라면) 코로 호흡한다. 아래의 지침에 따르거나 'meditationfortherealworld.com/healing'에서 더 긴 버전을 본다.

1. 깊게 호흡한다. 이때 마시는 숨에 가슴우리(흉곽)와 허리가 3차원적으로 팽창되었다가, 내쉬는 숨에 몸 안쪽으로 수축하도록 한다. 호흡은 편안하게 한다. 가로막(횡격막)을 동원해 더 깊게 호흡하면서 가슴우리 뒤쪽과 옆쪽의 움직임을 느낀다.

2. 이렇게 호흡하는 것이 편해지면 깊게 몇 번 호흡하면서 치유의 에너지를 들이마시고, 내쉬는 숨에 몸에서 질병과 싸우면서 생기는 노폐물이 빠져나간다고 상상한다.

3. 건강이 회복되고 좋아하는 활동을 하는 미래의 자기 모습을 상상한다. 그러면서 지금의 상태 또한 지나가리라는 점을 상기한다. 다시 그런 활동을 할 때가 올 것이며, 지금은 휴식해야 할 때임을 자각한다.

4. 잠시 이완하면서 의식을 내부에서 느껴지는 감각의 흐름에 집중한다. 몸이 치유되고 회복되는 과정에서 체액의 흐름과 호흡을 느낀다.

의학적 치료받기

치과 치료를 받든, 병원에서 수술받든 간에 불안감이 느껴지면 마음챙김과 명상으로 극복할 수 있다.

치료 전에 명상으로 마음을 편안하게 하고 스트레스 호르몬의 수치를 낮출 수 있다. 치료 중에는 시각화를 통해 주의를 분산할 수 있으며, 치료 후에는 치유에 도움이 된다. 언제나 의료진의 지시를 따르도록 한다. 예를 들면, 치료에 따라 회복할 때 취해야 할 자세가 있을 수 있다. 옆에 나온 치유 시각화를 보거나 통증 완화를 위한 요가 니드라 수련

명상은 치료 전후, 치료 중에 마음을 진정시키고 안정을 찾을 수 있도록 도와준다.

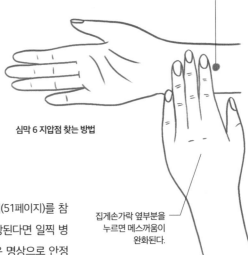

P6 지압점을 찾으려면
손목 안쪽에 세 손가락을 댄다.

심막 6 지압점 찾는 방법

집게손가락 옆부분을
누르면 메스꺼움이
완화된다.

(170페이지), 길게 호흡하기(51페이지)를 참고한다. 치료받는 날에 긴장된다면 일찍 병원에 가서 대기실에서 짧은 명상으로 안정을 되찾는다.

치유를 위한 지압 요법

손목의 심막 6(P6)의 지압점을 누르면 수술 후를 포함해 메스꺼움을 완화하는 것으로 알려져 있다. 이 지압점을 찾으려면 손목 안쪽에 접히는 선이 가장 잘 보이는 위치에서부터 세 손가락을 내려놓는다. 집게손가락 바로 옆 부분이 지압점이며, 이곳을 엄지손가락이나 다른 손가락으로 꾹 눌러준다. 누르면서 작은 원을 그린다고 상상하고 숨을 길게 내쉬며 천천히 호흡한다(51페이지 참조). 등을 곧게 펴고 앉아서 천천히 호흡하면서 이 지점을 3분 정도 필요한 만큼 마사지한다.

1분 명상
안정감 느끼기

바닥을 딛고 있는 발바닥, 앉거나 누워 있는 면과 닿은 몸 등 몸에 닿는 표면을 느낀다. 숨을 내쉴 때마다 내 몸이 닿아 있는 쪽으로 힘이 빠져나가는 것을 느낀다. 숨을 내쉴 때마다 근육이 부드러워지고 뼈마디에서 힘이 빠지는 것을 시각화한다.

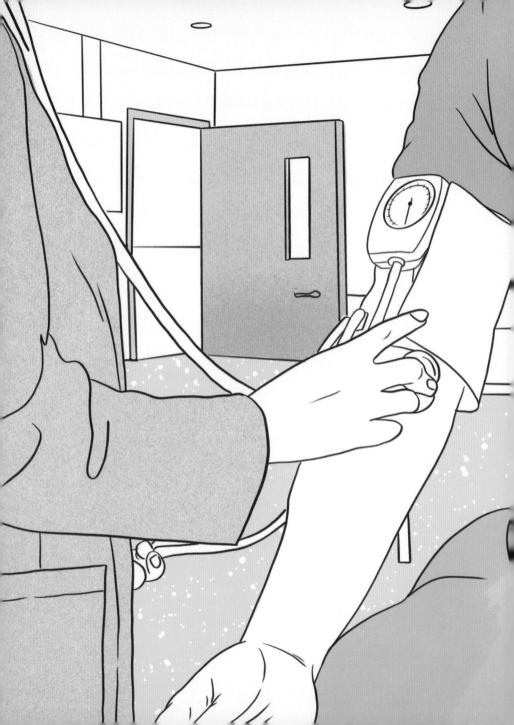

이완으로 혈압 낮추기

고혈압이 있는 사람은 생각보다 많다.
호흡과 명상 기법을 수련하면 그 순간뿐만 아니라 장기적으로
이완과 혈압 감소에 도움이 된다.

전 세계적으로 성인 중 30%에게 고혈압(혈압이 140/90을 넘는 경우)이 있다. 그렇지만 다섯 명 중 한 명만이 혈압을 제대로 관리하는 편이다. 명상은 혈압이 치솟았을 때 즉각적으로 낮추어주는 효과가 있으며, 장기적으로 수련하면 임상적으로 유의미한 수준까지 혈압을 낮출 수 있다.

이완 반응

심장병 전문의 허버트 벤슨 박사는 "이완 반응"이라는 말을 고안했다. 그는 1970년대 초부터 하버드 의대와 매사추세츠 제너럴 병원에서 이 기법과 마음-몸 의학을 연구했다. 이완 반응은 의식적으로 몸을 일깨워 화학 물질과 뇌의 신호를 내보내서 혈압과 이완기 심박수를 낮추고 깊은 이완 상태를 만드는 능력을 말한다. 이 상태에서는 부교감 신경계(50페이지 참조)가 주로 작용한다.

그러나 교통 체증과 마감 등 바쁜 일로 가득한 세상에서는 스트레스를 유발하는 요인이 너무 많다. 그리고 이때 교감 신경계가 주로 작용하게 된다. 혈압이 오른다고 느껴질 때는 다음에 소개하는 기법을 사용할 수 있다. 매일하는 간단한 수련으로 활용해도 좋다.

이완 반응 유도하기

이 간단한 명상은 초심자에게 매우 좋다. 단 몇 단계만으로 이완 반응을 유도할 수 있다.

1. **편안한 자세로 앉는다.** 의자에 앉거나 원하는 대로 앉는다.
2. **눈을 감고 이완한다.** 머리부터 발끝까지 의식적으로 이완한다.
3. **코를 통해 호흡하면서 내 호흡을 알아차린다.**
4. **숨을 내쉬면서** "하나"라는 단어를 속으로 반복한다.
5. **10~20분 정도 반복한다.** 다른 생각이 떠오르면 의식을 다시 호흡과 "하나"라는 단어에 집중한다.

백의 증후군

백의 증후군은 의료진이 혈압을 측정할 때 불안감 때문에 수치가 높게 나오는 현상을 말한다. 혈압 측정 중에 이런 일이 일어나면 다음 기법을 적용해보자.

• 다리를 꼬고 있었다면 풀고, 등을 곧게 세워 앉는다.
• 천천히 호흡하되, 들숨보다 날숨을 두 배 정도 길게 내쉬면서 스트레스를 완화한다 (51페이지 참조).
• 괜찮으면 코를 통해 호흡한다. 아니면 코로 숨을 마시고 입으로 천천히 내뱉는다.

대기실에서 10분 정도 기다려야 한다면 이 이완 반응을 활용해도 좋다.

좋은 진동

혈압을 낮추는 데 매우 좋은 또 다른 방법은 병원에서 하기에는 조금 시끄러울 수 있다. 그렇지만 집이나 차 안에서 하기에 좋다. 벌이 소리 내는 것처럼 허밍만 하면 된다!

벌 소리 호흡(브라마리 프라나야마)은 요가의 호흡법으로, 혈압, 심박수, 스트레스 인자, 불안 수준을 즉각적으로 낮추는 효과가 있다. 또한 일산화질소를 배출해 혈관을 이완하고 열어주어(혈관 확장) 압력을 낮추는 것으로 나타났다.

과학자들은 허밍으로 만드는 소리의 진동에 부교감 신경계 활성화 등 상당한 효과가 있다고 본다. 머리, 부비동, 기도의 진동과 길게 내뱉는 숨은 이 부위에 의식을 집중하게 만들고 미주 신경(특히 복측 미주 신경)에 영향을 준다. 따라서 안정감과 평온함을 느끼는 데 도움이 된다.

나만의 실험실
혈압 재기

손목 혈압측정기가 있다면 간단한 실험을 해보자. 먼저 혈압을 측정하고 10분간 이완 반응(또는 벌 소리 호흡법) 수련을 한다. 그런 다음 다시 혈압을 잰다. 명상으로 차이가 생겼는지 살펴본다.

벌 소리 호흡

스트레스를 주어 혈압이 오르게 만드는 상황을 앞두고 잠시 시간이 있다면 이 허밍 기법을 연습해서 진동을 통해 이완해보자.

1. 무릎 위에 손을 올려 두고 눈을 감는다. 또는 손가락을 귀, 눈, 부비동 위에 살며시 올려 두어 안쪽에서 일어나는 진동에 의식을 집중한다.

2. 코로 깊게 숨을 마신다. 내쉬는 숨에 편안하게 할 수 있는 만큼만 조용히 허밍한다. 몇 번 또는 이완되었다고 느껴질 때까지 반복한다.

과학자들은
허밍이 만드는
소리의 진동에
부교감 신경계 활성화 등
상당한 효과가 있다고 본다.

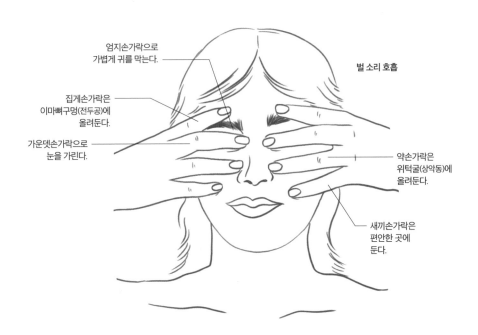

엄지손가락으로
가볍게 귀를 막는다.

집게손가락은
이마뼈구멍(전두공)에
올려둔다.

가운뎃손가락으로
눈을 가린다.

벌 소리 호흡

약손가락은
위턱굴(상악동)에
올려둔다.

새끼손가락은
편안한 곳에
둔다.

의식적으로 먹기

최고로 건강한 자기 자신을 만드는 데 음식은 가장 중요한 역할을 한다.
또한 식사 시간은 인간적인 유대감을 쌓는 데 있어서 핵심이다.
감사와 마음챙김을 식사 시간에 접목하면 명상을 일상에 무리 없이 적용할 수 있다.
모든 사람이 밥을 먹어야 하니 말이다.

무언가를 먹는 행위는 일상에 마음챙김을 즐겁고 감각적으로 접목하는 방법이다. 이를 통해 신체 감각과 다른 사람과도 연결되는 느낌을 받을 수 있다. 일시적으로 먹는 행위를 중단하는 것도 명상과 현재 순간을 의식하는 데 도움이 된다. 영적인 명상이나 종교적인 이유로 하는 경우가 많은 단식은 신체의 각성도를 높이고 기분을 좋게 만드는 것 외에도 여러 건강상의 이점이 있다. 그렇지만 먼저 의료진과 상의해 단식이 내 몸에 맞는지 알아보아야 한다.

감각을 깨우는 요리

많은 사람이 의식적인 이완 수련에 요리를 활용한다. 색감, 향, 지글거리는 소리, 식감, 그리고 필연적으로 느낄 수밖에 없는 맛은, 다양한 감각에 몰입하게 해 자연스럽게 현재에 머물도록 한다. 다음에 요리할 때 오감에 의식을 집중하면서 요리라는 창작 활동을 하는 자신을 알아차려보자.

식사 전에 감사하기

보통 식사 전에는 기도나 감사를 드린다. 식사하려고 앉았을 때 내가 감사하는 대상을 긍정하는 말을 해보자. 잠시 의식을 집중해 눈앞의 음식이 있기까지 수많은 사람이 기울인 노력과 들인 자원을 생각해본다. 다른 사람과 함께 먹는 경우라면 "이 맛있는 음식에 감사한다" 또는 "이 음식을 함께 나눌 수 있어 감사한다"라고 소리 내어 말한다.

식후의 의식적인 운동

식후에는 산책하거나 10~15분 정도 짧은 요가 등 낮거나 중간 강도의 운동을 한다. 연구에 따르면 식후에 가벼운 운동을 하면, 근육이 에너지를 생성하는 데 포도당을 즉시 사용한다. 따라서 혈당 수치가 치솟는 것(그리고 이후의 급격히 혈당이 떨어진다)을 예방할 수 있다.

나만의 실험실
포도당 수치 측정하기

당뇨 환자만이 아니라 건강과 장수를 추구하는 사람들에게 연속 혈당 모니터(CGM)가 점점 인기를 끌고 있다. CGM이 있다면 식후 의식적인 운동의 효과를 시험해볼 수 있다. 게다가 주기적인 명상 수련은 인슐린 감수성을 높이고 공복시 당수치를 낮추는 효과가 있다.

건포도를 활용한 마음챙김 실험

연구자 존 카밧진이 개발한, 마음챙김에 근거한 스트레스 완화(MBSR)에는 건포도를 활용한 마음챙김 실험이 있다. 이 방법은 감각을 동원해 현재에 의식을 집중하고 음식 섭취처럼 일상적인 활동을 무의식적으로 하지 않도록 한다. 이 방법은 건포도나 포도, 호두, 초콜릿 조각처럼 한입에 먹을 수 있는 음식으로 집에서 쉽게 해볼 수 있다.

1. 우선 음식을 손에 쥔다. 손가락으로 표면을 만져보며 질감, 온도, 무게를 느낀다.

2. 눈으로 본다. 크기, 색상, 질감 등을 관찰한다.

3. 냄새를 맡는다. 그리고 그에 따른 반응을 알아차린다. 예를 들면, 군침이 돌 수 있다. 그리고 어떤 느낌이 드는지도 알아차린다.

4. 혓바닥에 올려놓고 입안에서 느껴본다.

5. 천천히 씹는다. 맛과 모든 감각이 깨어나는 것을 알아차린다. 평상시보다 훨씬 더 많이 씹는다.

6. 천천히 삼키며 어떤 느낌이 드는지 알아차린다.

소화기 건강

소화는 웰빙의 핵심이다.
우리의 에너지 수준, 기분, 신체 건강, 피부에도 영향을 주기 때문이다.
그러나 현대인의 삶이 주는 스트레스는 소화 능력을 크게 저하해
만성적인 소화기 질환으로 이어질 수 있다.
먹거리와 마음은 이런 문제와 싸우는 힘이 된다.

현재 많은 연구를 통해 뇌와 '장의 뇌'(장신경계)의 건강 간에는 강력한 연관성이 있음이 입증되고 있다. 미주 신경이 이 두 신경계를 잇는 역할을 한다. 명상으로 느끼는 안정감은 미주 신경의 긴장도(건강과 연관됨)를 개선한다. 명상은 스트레스 부담을 줄여서 장신경계와 마이크로바이옴을 건강하게 유지해 기분을 좋게 만들고 소화를 원활하게 한다. 소화 기능에 문제가 있다면 두 가지 요소를 고려해야 한다. 첫째, 적절한 식단을 짜고, 가능하면 영양 전문가와 함께 어느 식품에 민감한지를 알아야 한다. 소화 불량, 관절통, 자극, 두통이나 편두통을 일으킬 수 있는 음식이 무엇인지 알아차린다. 마음챙김은 우리가 먹는 음식과 느낌 간의 관계를 강화하는 데 도움이 된다. 두 번째 주요 요인은 스트레스다. 스트레스 수준이 증상과 연관되는 경우가 많다. 특히 복통, 가스, 복부 팽만,

증상별 명상 팁

IBS/IBD
명상은 스트레스와 염증을 완화하는 것으로 잘 알려져 있다. 복부가 긴장했을 수 있으니, 호흡에 따라 복부가 자연스럽게 움직이도록 한다.

설사
경련을 완화하기 위해 따뜻한 물로 목욕을 하면서 명상하면 좋다. 수분을 충분히 섭취하고 담백한 음식을 천천히 의식하면서 먹는다. 길게 호흡을 내쉬면 경련에 도움이 된다(51페이지 참조).

변비/가스/복부 팽만
변비가 있다면 물을 많이 마신다. 걷기 명상(144페이지 참조)으로 몸이 효과적으로 움직일 수 있게 한다. 또한 다음 페이지에 나오는 의식적인 자가 복부 마사지도 적용해 본다.

설사, 변비를 유발할 수 있는 과민대장증후
군(IBS)이나 염증이 특징인 염증성 장 질환
(IBD)과 같은 문제가 있을 때는 더 그렇다.

의식적인 자가 복부 마사지

변비나 복부 팽만감이 있다면 장의 움직임(연
동운동)을 돕거나 안에 갇힌 가스를 배출하도
록 마사지한다. (임신했으면 의사와 먼저 상의
한다.)

1. 앉거나 누워서 오른손을 오른쪽 복부 아
래로 가져온다. 골반 앞쪽의 엉덩뼈능선(장
골능) 바로 위에서 약간 안으로 들어오는 위
치다.

2. 오름잘록창자를 따라 가슴우리까지 **위쪽
으로 마사지한다.** 통증을 높이지 않는 선에
서 적당한 압력으로 부드럽게 쓸어 올린다.

3. 가로잘록창자를 따라 오른쪽에서 왼쪽으
로 **마사지한다.**

4. 마지막으로 왼쪽의 내림잘록창자를 따라
아래로 마사지한다.

5. 손을 뗐다가 반복한다. 5분 정도 시계방향
으로 마사지한다. 특히 단단하게 느껴지는
부위가 있다면 그곳에 집중해 뭉쳐 있는 음
식물을 풀어준다.

6. 마사지 후에 명상한다. 몇 분 동안 길게 숨
을 내쉬고 신체적인 변화를 느낀다.

7. 필요하면 의식적인 운동을 하거나 걷기
명상(144페이지 참조)으로 장의 움직임을 돕
는다.

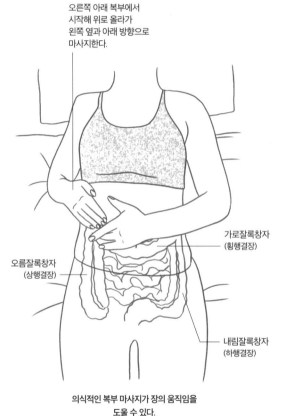

오른쪽 아래 복부에서
시작해 위로 올라가
왼쪽 옆과 아래 방향으로
마사지한다.

가로잘록창자
(횡행결장)

오름잘록창자
(상행결장)

내림잘록창자
(하행결장)

의식적인 복부 마사지가 장의 움직임을
도울 수 있다.

PMS와 월경통 완화

월경과 관련한 문제를 겪는 사람이 상당히 많다.
월경 전 증후군(PMS)이 많은 사람에게서 나타나는데,
명상과 마음챙김을 실천하면 심한 증상을 완화할 수 있다.

PMS에는 복부 팽만감, 감정 기복, 불면증, 월경통, 집중력 저하 등 다양한 증상이 있다. 하버드 연구자 벤슨 박사의 연구에 따르면 좋은 책을 읽으며 쉬는 등의 이완 활동 중에서 명상이 증상 완화에 가장 효과적이라고 한다. 자세, 호흡, 명상을 통합한 요가를 수련하는 것도 증상을 완화하는 데 도움이 되는 것으로 나타났다.

월경 ▶ ▶

월경 주기

월경 주기 동안 몸과 마음이 변하면서 필요한 것도 달라진다. 자신의 주기에 맞추어 명상을 수련해 효과를 배가해보자.

1~5일 차

자궁내막이 떨어져 나오며, 조용히 성찰하는 시기다. 이때 월경통이 발생할 수 있다.

명상: 요가 니드라(170페이지), 침대 요가(다음 페이지)와 함께 월경통이 있다면 숨을 길게 내쉰다(51페이지).

6~13일 차

난소여포가 성숙함에 따라 에너지와 추진력이 강해지는 시기다.

명상: 동적인 요가(167페이지), 걷기 명상(144페이지), 의식적으로 정원 가꾸기(156페이지)를 해본다.

난포기

23~28일 차

몸이 향후의 임신 또는 다음 주기를 준비한다. 이때 PMS가 발생할 수 있다.

명상: 감사하는 마음 기록하기(87페이지)와 침대 요가(다음 페이지)를 해본다.

14~22일 차

난자가 배출되고, 가임 능력이 높아지는 시기다. 에너지와 활력이 최고조에 달한다.

명상: 자비 명상(79페이지), 함께 명상하기(94페이지)를 해본다.

황체기

◀ ◀ 배란

베개로 머리를 받친다.

온열 패드로 허리나
복부를 따뜻하게 하면
자궁 수축 시 일어나는
경련을 완화할 수 있다.

필요하면 베개로
무릎을 받친다.

발바닥끼리 맞대고
무릎은 좌우로 펼친다.

PMS와 월경통을 완화시키는 침대 요가

침대 요가

PMS와 월경통을 해소하려면 천천히 안정하라는 몸의 요구를 존중해 다음의 침대 요가로 회복해보자.

1. 침대에 누워 발바닥을 맞대고 무릎은 좌우로 벌려서 누운 나비자세를 취한다. 자세를 더 편안하게 하려면 무릎 아래에 쿠션을 받친다.

2. 천천히 깊게 호흡하면서 호흡에 따라 갈비뼈와 복부가 움직이도록 한다. 통증이 파도처럼 오간다면 코를 통해 숨을 마시고, 내쉴 때는 들숨의 두 배 정도로 길게 입으로 내쉰다. 의식은 호흡에 둔다. 이 자세를 5~10분 유지한다.

3. 괜찮으면 다른 자세를 취하고 몸에서 어떻게 느껴지는지 살펴본다. 예를 들어, 오른쪽이나 왼쪽으로 누워 무릎 사이에 베개를 끼우고 태아 자세를 하거나, 다리를 벽이나 침대 머리맡 나무판 위로 높게 올려놓을 수도 있다. 또는 무릎 사이에 베개를 끼우고 부드럽게 비틀기 자세를 할 수도 있다.

임신 기간 중 명상

**명상은 임신 기간의 이완과 재충전,
출산 준비에 도움이 될 수 있다.**

임신은 삶에서 큰 변화이자 기쁨과 설렘이 충만한 경험이다. 그렇지만 새 생명을 맞이할 준비에, 바쁘고 힘든 시기가 될 수도 있다. 피로감, 기대감, 신체의 불편함과 출산일이 다가옴에 따라 가빠지는 호흡 때문에 임산부는 활력이 필요하다고 느낄 수 있다.

호흡 운동과 긍정적인 다짐을 활용하는 명상 수련은 임신으로 인한 어려움이 닥쳤을 때 낙관적인 마음을 증진하고 감정을 안정시킨다. 그리고 덕분에 더 자신감 있게 출산을 준비할 수 있다. 또한 임신 중에 불안감이 느껴진다면 명상으로 완화할 수 있다. 순간순간의 감각에 집중하는 법을 배우면 몸에 대한 신뢰감이 높아지고 걱정이 줄어든다.

임신 기간은 내적으로 성찰할 수 있는 시기가 될 수 있다. 그리고 명상은 자기를 더 잘 이해해 출산 후에 부모가 되었을 때 새 생명을 맞이할 준비를 더 잘할 수 있게 도와준다.

임신과 출산을 위한 다짐

임신 기간에 격려가 필요하다고 느껴지면, 다음과 같은 긍정의 말을 해보자. 아래 문장을 읽으며 자기에게 맞는다고 느껴지는 것을 고른다(또는 원하는 문장을 만들어도 좋다). 이 문장을 임신이나 출산 중 필요할 때마다 떠올린다. 몇 분간 반복해 나만의 만트라 명상을 할 수 있다.

"나는 할 수 있다."
"나는 나를 믿는다."
"나는 출산을 담당하는 의료진을 믿는다."
"나는 내 파트너를 믿는다."
"나는 내 아이와 몸을 위한 최적의 의사결정을 할 수 있다."
"나는 현재에 있다."
"나는 응원과 사랑을 받고 있다."
"내 몸은 무엇을 해야 할지 안다."
"나는 할 수 있고, 그렇게 할 것이다."

깊은 이완 명상

이 명상법은 가로막 호흡을 더 깊게 해 산소를 더 많이 받아들이고 이완을 돕는다.

1. 깊게 숨을 마신다. 폐가 팽창되는 것을 느낀다. 가로막이 아래로 내려가면서 내장 기관과 태아를 마사지한다.

2. 숨을 완전히 내쉰다. 폐가 수축하는 것을 느낀다. 가로막이 이완하며 다시 위로 올라오고, 복부와 골반안의 압박감이 해소된다.

3. 몇 번 계속해 호흡한다. 이때 가로막의 움직임을 상상한다.

4. 다음으로 숨을 마실 때마다 산소가 가득 차면서 골반 바닥이 아래로 내려가 이완되는 것을 상상하고 느낀다.

5. 숨을 내쉴 때마다 폐에서 공기가 빠져나갈 때 가로막이 위로 올라오는 것처럼 골반 바닥이 살짝 위로 올라오는 것을 상상하고 느낀다.

1분 명상
태아에게 영양분을 주는 호흡

숨을 마시면서 태아에게 영양분을 보낸다고 생각한다. 숨을 내쉬면서 태어날 아이를 환영하는 바깥세상과 태아를 연결하는 느낌에 집중한다.

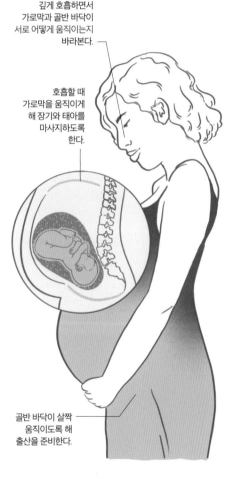

깊게 호흡하면서 가로막과 골반 바닥이 서로 어떻게 움직이는지 바라본다.

호흡할 때 가로막을 움직이게 해 장기와 태아를 마사지하도록 한다.

골반 바닥이 살짝 움직이도록 해 출산을 준비한다.

출산일이 다가옴에 따라 복부골반안의 용량과 압박이 변하므로 호흡이 얕아질 수 있다.

갱년기와 완경기 증상 완화

월경이 만 1년 동안 없으면 완경이라고 한다.
완경으로 전환하는 시기(갱년기)가 몇 년간 이어질 수 있으며,
이때 저조한 기분, 불안, 수면 문제 등을 겪을 수 있다.
이렇게 호르몬이 널뛰는 시기에 명상으로 내적인 안정을 되찾을 수 있다.

보통 40대 중후반에 시작되는 갱년기와 완경기에 나타나는 호르몬의 변화, 특히 에스트로젠의 급격한 변화는 심한 감정 기복과 정신 건강의 악화를 일으킨다. 마음챙김 명상과 요가 등 의식적인 운동을 수련하면 이런 전환기에 감정을 조절하고 우울증 증상을 완화하며 수면의 질을 개선하는 것으로 알려졌다.

마음챙김은
이런 전환기에 감정을
조절하고
수면의 질을 개선하는 것으로
알려져 있다.

안면 홍조와 식은땀

완경기 중에 또는 완경 이후 몇 년 동안 체온 변화로 인한 혈관 운동의 증상이 지속될 수 있다. 가슴, 목, 얼굴까지 갑자기 체온이 확 오르는 것을 느끼고, 여기에 식은땀과 홍조가 동반될 수 있다. 이를 유발하는 요인에 유의해 증상의 발생 빈도를 낮추도록 한다.

일반적인 증상 유발 요인에는 카페인, 알코올, 매운 음식, 꽉 끼는 의상, 스트레스 등이 있다. 스트레스를 덜어주는 모든 명상법이 도움이 되지만, 증상이 나타나는 순간에는 호흡법을 바꿈으로써 즉각적으로 증상을 완화할 수 있다. 입으로 하는 호흡이 포함된 호흡법(다음 페이지 참조)은 혀의 열기를 내보내 안면 홍조를 완화하는 데 도움이 된다.

냉각 호흡(싯탈리 프라나야마)

열감이나 스트레스가 느껴지면 다음 냉각 호흡법을 시도해보자.

1. 준비되면 눈을 감고 추운 곳에 있다고 상상한다. 아름답게 눈이 내리는 곳을 걷거나 시원한 호수에 몸을 담그는 것처럼 말이다.
2. 이제 혀를 말아서 빨대로 음료를 마시듯이 입으로 숨을 길게 마신다.
3. 입을 다물고 코로 숨을 내쉰다.
4. 마음이 진정되고 열감이 가실 때까지 호흡을 몇 번 반복한다.

증상에 대처하기

다음과 같이 특정 증상을 완화하기 위해 시도해볼 수 있는 다양한 명상법이 있다.
- 수면 개선(100페이지 참조)
- 스트레스(51페이지 참조), 불안(59페이지 참조), 우울증(55페이지 참조) 관리
- 피로 해소(75페이지 참조)
- 집중력 향상(66페이지 참조)
- 두통(130페이지 참조), 신체 통증(124페이지 참조) 완화
- 균형 되찾기: 교호 호흡(68페이지 참조)

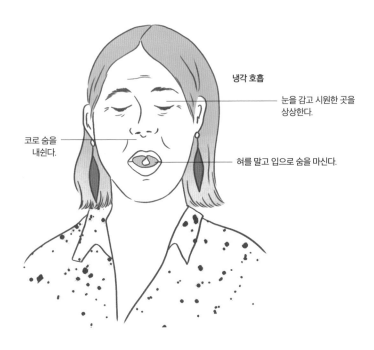

냉각 호흡

눈을 감고 시원한 곳을 상상한다.

코로 숨을 내쉰다.

혀를 말고 입으로 숨을 마신다.

일상에서의 통증 완화

허리 통증, 관절 통증, 기타 만성 통증은 일상생활에
지장을 주고 원하는 활동을 못 하게 할 수 있다.
그렇지만 꼭 그래야 한다는 법은 없다.

통증은 복합적이다. 책상에 앉아 하루를 보내거나 거북목 증후군으로 뻣뻣함이 느껴지는 정도의 가벼운 불편함일 수도 있고, 통증이 더 지속될 수도 있다. 명상은 자연적인 진통 효과가 있다. 2021년의 연구에 따르면 참전 용사들이 마음챙김 수련으로 만성 통증에 오피오이드 진통제를 선택하는 경우가 줄었다고 한다. 행동을 효과적으로 조절하는 능력이 높아지고 통증을 참는 능력이 개선되었기 때문에 이런 결과가 나타난 것으로 보인다. 모든 명상이 장기간에 걸쳐 통증에 도움이 되지만, 여러 가지 명상법을 시도하면서 자기에게 잘 맞는 방법을 찾아야 한다.

몸의 경보 시스템

신경계에는 위협에서 몸을 보호하는 경보 시스템이 있다. 건물에 불이 난 것을 느끼면 몸의 경보가 작동해 밖으로 나가라고 명령한다. 이와 마찬가지로 가스레인지에 손을 데면 빨리 손을 치우게 된다. 상처가 생겼을 때 짧게 나타나는 통증은 급성 통증이다. 그러나 통증이 만성(3~6개월간 지속)으로 변하면 통증의 행동이 달라진다.

트라우마와 불안처럼, 만성 통증이 있으면 양초 비슷한 것이 타는 모습만 봐도 경보 시스템이 잘못 울릴 수 있다. 관절염이 있는 무릎이 가볍게 부딪치거나 두통이 올 것 같은 전조 증상을 느낄 때 마음에서는 그런 통증이 하루를 망칠 것이라고 상상하면서 경보를 잘못 울리는 상황이 발생할 수 있다. 시간이 지나면서 통증에 민감해져서 자극이 훨씬 적어도 더 아프다고 느끼게 된다. 명상은 잘못된 경보를 다시 프로그래밍하도록 도와주고 통증 완화에 중요한 역할을 한다.

대안적인 천연 진통제

진통제 대부분에는 장기 복용 시 중독에서 장기 손상까지 부정적이고 의도치 않은 부작용이 있다. 흥미로운 사실은 처방전 없이 살 수 있는 일부 진통제는 신체의 통증을 줄일 뿐만 아니라 감정도 무디게 만든다는 것이다. 무릎 통증이나 두통을 줄이는 것과 함께 타인에게 공감하는 능력을 낮추어 사회적 진통제로도 기능한다. 반면, 명상은 타인에 대한 연민과 유대감을 높이고 통증을 참는 능력도 개선한다. 진통제를 먹어야 할 때도 있지만, 명상은 몸과 마음의 연결을 유지하는 데 도움이 되는 장기적인 대안이 된다. 명상은 고통을 포함해 모든 느낌을 완전히 느끼며 현재에 머무는 방법을 알려준다. 고통에 저항하기보다 인지해 고통을 완화한다. 그러면 진통제를 덜 찾게 되는 자신을 발견하게 될 것이다.

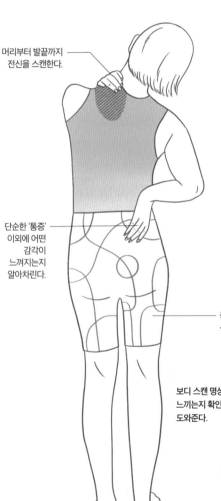

머리부터 발끝까지 전신을 스캔한다.

단순한 '통증' 이외에 어떤 감각이 느껴지는지 알아차린다.

좋거나 괜찮다고 느껴지는 신체 부위를 인지한다.

보디 스캔 명상은 어떻게 느끼는지 확인할 수 있도록 도와준다.

1분 명상
간단한 보디 스캔

몸을 간단히 확인해보자. 무엇이 느껴지는가? 어느 부위에서 느껴지는가? '통증' 이외의 단어로 이를 표현한다('따뜻함, 따끔함, 빡빡함, 진동하는, 고동치는, 붉은' 등 설명하는 단어를 생각한다). 이 통증을 5~10퍼센트 정도 줄이기 위해 할 수 있는 것이 있는가? 몸에서 자기를 돌보거나 움직임이 필요하다고 하는가? (요가 니드라로 내적인 감각을 더 살펴보려면 170페이지 참조)

명상은 자연적인 진통 효과가 있다.

통증의 폭발

만성 통증은 갑자기 폭발하는 성질이 있다. 마음챙김은 급작스럽게 통증을 유발하는 요인과 통증의 전조 증상을 알아차려서 즉시 자기를 돌볼 수 있게 해준다. 우리의 마음은 미래에 있을지 모르는 통증을 생각하며, 어떤 영향을 줄지 걱정하거나 과거에 통증으로 삶이 제한되었던 경험을 떠올린다. 때때로 뇌는 실제 일어난 일과 상상 또는 기억 속 일을 분간하지 못한다. 그리고 일이 일어난 시점과 관계없이 비슷한 조합의 호르몬과 신경 전달 물질을 분비한다. 따라서 찾아올지 모르는 통증의 폭발이라는 최악의 상황을 가정했을 때, 상태가 더 악화할 수 있다. 명상은 현재 일어나는 일에 집중하며 현재에 머물고 통증의 폭발을 관리하는 방법을 알려준다.

나의 몸 느끼기

몸은 끊임없이 나에게 신호를 보낸다. 그렇지만 만성 통증은 몸과 마음을 분리시킨다. 일반적으로 통증을 무시하고 통증에서 주의를 돌리는 방식으로 통증에 대처하기 때문이다. 몸에서 휴식과 이완해야 한다는 신호를 속삭인다. 이를 듣지 않으면, 그 속삭임은 큰 목소리로, 그리고 결국에는 비명으로 변한다. 명상은 (공포와 혐오 대신) 상냥함과 호기심을 갖고 감각을 살피도록 도와준다. 수련으로 몸에 대한 자각이 높아지고, 그러면 속삭임 단계에서 몸이 보내는 메시지를 더 잘 포착할 수 있다. 보디 스캔(다음 페이지 참조)과 요가 니드라(170페이지)는 이런 감각을 살피는 데에 좋다.

1분 명상
단어 사용에 주의하기

하루 동안 몸의 아픈 부위를 (말로 또는 속으로) 어떻게 표현하는지 살펴본다. "무릎이 안 좋다"라고 표현한다면, 이를 덜 부정적인 표현으로 바꾼다. 예를 들면, "내 무릎에 사랑을 더 주어야 한다"라든가 "무릎이 연약하다"라고 중립적으로 표현할 수 있다. 이런 순간에 천천히 몇 번 호흡하면서 사랑, 치유의 에너지, 감사하는 마음을 아픈 부위로 보내는 상상을 한다.

감각 스캔

이 보디 스캔 명상법은 앉거나 서서 천천히 또는 빠르게 수행할 수 있다. 아래의 단계를 읽으며 몸의 감각을 느끼거나 각 단계에서 눈을 감고 머물러본다. 더 집중하게 되는 부위가 있다면 작은 속삭임이라도 어떤 메시지가 전해지는지를 경청한다.

1. 노출된 피부로 대기의 기온과 움직임을 **느낀다**. 옷을 입은 곳은 피부에 닿는 천의 무게를 **느낀다**.

작은 것으로 만드는 큰 차이

통증을 줄이려면 오랜 기간 명상을 수련해야 한다고 생각하는가? 웨이크 포레스트 대학이 신경과학 저널에 게재한 연구에 따르면 20분짜리 마음챙김 수련을 네 번 한 것만으로도 뇌의 통증 관련 활동이 급격히 줄었다. 또한 통증으로 인한 불쾌감이 57퍼센트, 통증 강도가 40퍼센트 낮아진 것으로 나타났다.

---

2. 머리, 어깨, 팔꿈치, 손목, 손을 **느낀다**. 척주, 엉덩이, 무릎, 발목, 발을 **느낀다**.

3. 한 번에 전신을 **느낀다**.

4. 몸의 왼쪽과 오른쪽을 차례로 **느낀다**.

5. 몸의 앞쪽과 뒤쪽을 차례로 **느낀다**.

6. 몸의 형태와 윤곽을 **느낀다**. 그런 다음 피부 바로 아래의 감각을 관찰한다. 더 깊이 내려가서 몸 안을 흐르는 체액을 **느낀다**. 분출, 박동, 진동 등을 느낄 수 있다. 움직이지 않고 있음에도 현재 느껴지는 모든 움직임을 알아차린다.

7. 몸의 경계가 흐릿해져서 윤곽이 어렴풋하게 되는 것을 **느낀다**. 나의 에너지가 주변의 에너지와 융합되는 것을 상상한다. 물리적인 몸을 넘어서 확장하는 느낌이 어떠한가? 잠시 에너지와 같은 존재가 되어 이를 자각하고 그 상태에 머무른다.

관절염 완화

세계적으로 퇴행성 관절염(골관절염)을 앓고 있는 사람은 5억 명이 넘으며,
나이가 들수록 발병 확률은 높아진다.
그렇지만 재치 있는 시각화 기법을 활용하면 실질적으로 효과를 볼 수 있다.

오래 살다 보면 자연스럽게 관절이 마모되는 퇴행성 관절염을 앓게 된다. 대표적인 부위가 손, 고관절, 무릎이다. 퇴행성 관절염이 있으면 관절 사이의 공간이 좁아진다. 뼈의 끝부분에 있는 유리 같은 연골이 점점 마모되어 결국 뼈끼리 맞닿기 때문이다. 그렇지만 시각화라는 마법 같은 명상 기법으로 이를 완화할 수 있다. 사실 진짜 마법은 아니다. 단지 마음이 몸에 미치는 영향이 얼마나 강한지를 보여줄 뿐이다.

유연성과 힘 시각화하기

시각화는 수도승부터 올림픽 출전 선수까지 많은 사람이 활용하는 강력한 방법이다. 그만큼 효과가 좋기 때문이다. 단순히 특정한 근육을 스트레칭하거나 사용한다는 생각만으로도 (움직이지 않고도) 유연성과 힘이 증가한다는 것은 이미 증명되었다. 이 연구에서는 마음의 힘이 얼마나 강력한지 보여준다. 그렇다고 운동을 하지 않고 누워서 헬스장에 있다고 상상만 해도 된다는 말일까? 물론 아니다! 그러나 시각화는 치유와 회복기에 있는 사람이나 통증을 더 늘리지 않고 운동하려는 초심자에게 특히 도움이 된다. 자기가 편안한 범위에서 의식적으로 움직이되, 가동 범위를 완전히 활용해 움직이는 것을 시각화한다.

손 이완 명상

이 시각화 수련에서는 손목과 손의 관절 공간을 확장하는 것에 집중한다. 그러면 현재 겪고 있을 불편감과 통증 완화에 좋다.

1. 새끼손가락끼리 닿도록 **손을 나란히 놓는다.** 이때 손목 안쪽에 접히는 선이 가장 선명한 부분을 맞추어 정렬한다.

2. **이 선의 정렬을 유지하면서** 손바닥을 서로 맞대어 어느 한 손의 손가락이 다른 손보다 길지 않은지 살펴본다. 손가락의 길이가 다르다면 손가락이 짧은 손에 집중한다. 서로 길이가 비슷하다면 임의로 한 손을 선택한다.

3. **선택한 손의** 손목에 있는 모든 손목뼈 사이의 **공간을 상상한다.** 몇 번 호흡하면서 이 공간이 넓어진다고 상상한다.

4. 손바닥으로 **의식을 집중하고** 손허리뼈 사

이의 공간이 넓어진다고 상상한다.

5. 손바닥에서부터 손끝까지 **각 손가락이 길어진다고 상상한다.** 몇 번 호흡하면서 손가락 사이의 공간을 상상한다.

6. **손 전체의 공간이 늘어난다고 상상한다.** 손목에서 손을 지나 손끝까지 부드럽게 길어지는 것을 그려본다. 살짝 움찔하거나 박동하는 느낌이 있을 수 있다. 손을 보고 무슨

일이 일어나는지 알아차린다. 손의 생김새나 느낌이 달라졌는가? 혈액 순환이나 자극에 따른 떨림이 느껴질 수 있다. 통증이 덜 느껴지는가?

7. 손목 안쪽에 접히는 선끼리 맞추어 **다시 정렬한다.**

8. **손바닥을 마주 대서** 길이가 달라졌는지 살펴본다.

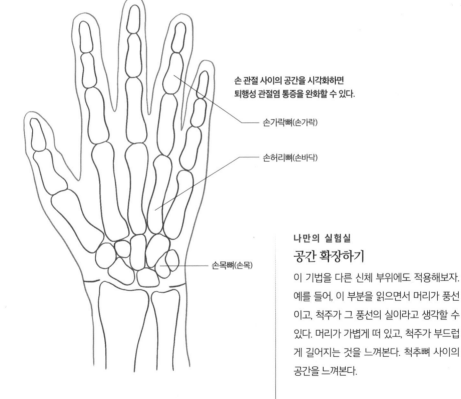

손 관절 사이의 공간을 시각화하면
퇴행성 관절염 통증을 완화할 수 있다.

― 손가락뼈(손가락)

― 손허리뼈(손바닥)

― 손목뼈(손목)

나만의 실험실
공간 확장하기

이 기법을 다른 신체 부위에도 적용해보자. 예를 들어, 이 부분을 읽으면서 머리가 풍선이고, 척주가 그 풍선의 실이라고 생각할 수 있다. 머리가 가볍게 떠 있고, 척주가 부드럽게 길어지는 것을 느껴본다. 척추뼈 사이의 공간을 느껴본다.

두통 해결하기

연구에 따르면 명상은 두통과 편두통의 빈도, 강도, 지속시간을 줄일 수 있다.
과학자들은 명상이 스트레스 부담을 줄이고
통증을 완화하기 때문이라고 본다.

2017년에 〈행동 의학〉 저널에는 명상에 영성을 더했더니 편두통 완화 효과가 가장 컸으며, 참가자들이 진통제를 덜 복용했다는 흥미로운 실험이 게재되었다. 영성은 개별적인 수련이므로, 한 참가자는 '신'이라는 단어를 '어머니 지구'로 바꾸었다. 이렇게 개인에 맞추어서 수련한 결과가 가장 좋았다. 마음챙김은 두통이나 편두통을 유발하는 구체적인 요인과 전조 증상을 인지하는 데 도움이 된다. 이를 통해 더 빠르게 자기를 돌보고 증상이 심해지는 것을 예방할 수 있다.

두통과 편두통의 유발 요인과 전조 증상

일반적인 요인: 자다 깸, 스트레스, 날씨 변화, 너무 밝거나 깜박이는 조명, 큰 소음, 탈수, 강한 냄새

전조 증상: 둔통, 흥분, 특정 음식에 대한 갈망, 목의 경직, 소변 증가, 잦은 하품, 팔다리가 저리는 느낌, 빛이나 색상의 조짐

긴장 풀기

증상을 유발하는 요인을 없애고 몸을 이완한 다음 만트라를 외우면 두통을 줄이는 데 효과적이다.

1. 너무 밝거나 시끄러운 곳, 또는 두통을 유발할 수 있다고 여겨지는 곳이 아닌 **편안한 곳을 찾는다.** 편안한 의자에 앉거나 베개를 베고 담요를 덮은 다음 눕는다.
2. **상체 보디 스캔을 진행하며 이완한다.** 턱과 얼굴 근육을 가볍게 움직여 웃긴 표정을 짓는 것으로 시작한다. 턱에서 힘을 푼다. 눈이 안쪽으로 쑥 가라앉는다고 상상한다. 이마에 주름이 잡히지 않도록 한다.
3. **두피에서 목과 어깨까지 차례로 이완되는 것을 상상한다.**
4. **그런 다음 목과 어깨를 살짝 움직인다.** 양쪽 어깨를 번갈아 가며 바라보고, 머리를 좌우로 기울이며, 어깨를 몇 번 돌려본다.

조용한 곳을 찾아
귀마개를 쓰거나
자연의 소리를 듣는다.

두통이 올 것 같으면
유발 요인을 피한다.

밝은 빛과 청색광(화면 등)에서
멀리 떨어진다.

5. 머릿속의 매듭이 숨을 내쉴 때마다 조금씩 풀리는 것을 상상한다. 매듭이 풀리는 만족감을 느낀다.

6. 자기가 정한 만트라를 반복한다. 자기와 자기의 종교에 맞는 문구를 선택하고, 들숨과 날숨에 다음과 같이 말한다.

들숨: "[신, 또는 신에 해당하는 단어, 우주, 어머니 지구]는..."
날숨: "[사랑, 평화, 기쁨, 선]이다."

호흡 리듬에 따라 몇 분간 반복한다.

열 또는 냉찜질

온열 패드는 혈관을 확장해 두피, 목, 어깨의 근육을 이완한다. 차가운 물에 적신 수건이나 아이스팩을 머리나 목에 대면 혈관을 수축해 감각을 마비시키는 효과가 있다. 연구에 따르면 두 방법 모두 두통에 도움이 된다. 자기에게 가장 잘 맞는 방법을 사용하면 된다.

CHAPTER 4

일상에서의
명상

우리는 모두 할 일이 많고 바쁘다.
친구와 가족을 위해, 심지어는 자신을 위해 시간을 내는 것도
힘들 수 있다. 그러나 1분이라도 명상하거나
단 한 번이라도 의식적으로 호흡하는 것이 중요하다.

효과적으로 명상하기 위해 꼭 요가원처럼 조용하고 평화로운
공간에 있어야 하는 것은 아니다. 앞으로는 주변의 소리, 촉각,
자연 속에서 명상 수련을 더 잘하는 방법을 살펴볼 것이다.
그리고 명상할 때 꼭 움직이지 않아야 하는 것도 아니다.
요가, 태극권, 춤 등 몸을 움직이면서 명상을 할 수도 있다.

마음챙김의 묘미는 그것이 매일 내 일상의 일부가 될 수 있다는
점이다. 통근길에서, 청소나 정원을 가꾸면서, 회사에 가면서,
운동하면서, 심지어는 세수하면서
어떻게 명상의 힘을 활용할 수 있는지 알아보자.
중요한 것은 무엇을 하느냐가 아니라 어떻게 하느냐다.
우리가 수련하는 평온함은 전염된다.
주변의 다른 사람에게도 영향을 주어 관계를 더 풍부하게 하고,
삶의 질을 높여줄 것이다.

매일 습관 기르기

명상할 시간이 없다고 생각하는가?
아침에 나갈 준비를 할 때, 자녀의 도시락을 쌀 때,
또는 하루를 끝내고 설거지할 때처럼 일상적인 활동에 마음챙김을 접목해보자.

바쁜 일상에 언제 명상해야 할지 고민된다면 아주 짧게 시작해보고, 내가 하는 거의 모든 일에 마음챙김이 스며드는 것을 알아차려보자. 꾸준한 수련은 제2의 천성이 된다. 일상적인 활동으로 자연스럽게 현재에 머무르는 것의 힘을 경험할 수 있다.

피부를 관리할 때

매일의 피부관리를 의식적인 의례로 만들어본다. 로션, 선크림, 또는 국소 부위에 약을 바를 때 영양이 가득한 묘약이나 눈에 보이지 않는 보호막이라고 상상하며 마사지한다. 거울을 볼 때 느껴지는 자기비판을 관찰한다. (알고 있는 결점을 바라보는 대신) 자신의 눈을 들여다보는 것은 어떨까?

샤워할 때

샤워하는 시간을 재충전 또는 이완하는 시간으로 활용한다. 머릿속으로 이런저런 고민을 하거나 시간 여행을 떠나지 말고, 그냥 샤워에 집중한다. 이 작은 결정이 큰 차이를 만들 수 있다. 물이 피부를 따라 흘러내리는 것과 샴푸하며 마사지하는 것에 집중한다.

1분 명상
양치할 때

양치할 때 다음에 할 일을 생각하기보다는 이를 닦는 데 집중한다. 양치질의 감각과 소리에 집중하며 완전히 현재에 머문다. 이상하게 들릴지 모르겠지만, 이 방법은 마음이 현재에 머무를 수 있음을 보여주기에 좋다.

가사 노동의 치유 효과

가사 노동을 움직이는 명상으로 바꾸어보자. 몸의 움직임을 의식하며 의식적인 운동으로 접근하는 것이다. 앞으로 구부릴 때 허리만 구부리는 것이 아니라 고관절과 무릎을 굽혀 쓴다거나, 다리를 벌려 스쾃 자세를 할 수 있다. 필요한 만큼 중간에 휴식을 취하고, 몸의 자연스러운 한계를 존중한다. 청소할 때는 마음의 먼지도 털어낸다는 목표를 세운다. 주의가 분산되는 것을 알아차리면, 하던 일을 하면서 몸과 호흡의 감각에 다시 집중한다.

생리학적 한숨

하루 중에 한숨을 쉬는 때가 있음은 알 것이다. 그러나 왜 한숨을 쉬는지 생각해본 적이 있는가? 한숨은 몸이 호흡을 조절하고 불안, 스트레스 또는 통증으로 인한 감정적인 부담을 자연스럽게 덜어내는 방법이다. 한숨을 신호로 스탠퍼드 신경과학자 앤드루 휴버먼이 '생리학적 한숨'이라고 부르는 것을 수련해보자. 설거지를 포함하는 모든 활동을 하는 중에 이 방법을 몇 번이고 수련할 수 있다.

1. 코를 통해 상당히 깊게 숨을 마신다. 그리고 마지막에 한 번 더 숨을 마셔 폐를 팽창시킨다.

2. 의도적인 한숨처럼 입으로 가능한 한 천천히 그리고 완전히 숨을 내쉰다.

3. 몇 번 반복한다. 이후에 더 이완되는 느낌이 있는지 살펴본다.

호흡할 때 몸의 감각과 연결되어 모든 가사 노동을 의식적으로 할 수 있다.

가사 노동을 할 때 자세를 의식한다.

일상 활동은 마음챙김을 일상과 접목할 수 있는 최고의 방법이다.

소리에 집중하기

명상을 하려면 조용해야 한다고 많이 생각한다.
그런데 음악과 소리도 이완에 도움이 될 수 있다. 또한 그 어떤 배경 소음이 있어도 명상을 할 수 있다.
심지어 아이들이 뛰어노는 소리나 거리의 소음은 수련을 심화할 수도 있다.

전통적으로 명상 수련에는 찬팅과 종교 음악이 포함되어 있다. 이제 과학자들은 이 소리가 가진 지혜 이면의 메커니즘을 밝혀내고 있다. 그 결과 리듬감 있는 목소리가 반복되면 심장에 좋은 것으로 나타났다. 이탈리아 심장 전문의 루치아노 베르나디는 '옴마니반메훔'이라는 전통적인 티베트식 진언이 분당 호흡(bpm)을 6회로 늦춘다(정상적인 성인의 호흡은 12~20bpm)는 것을 발견했다. 또한 베르나디는 찬팅이 심박 변이도(HRV), 즉 심박수 간의 차이를 개선함을 밝혔다. 이는 좋은 효능이다. 젊은 사람과 운동선수는 HRV가 높은 경우가 많다. 또한 찬팅은 동맥 내 압수용기(압력 수용체)의 민감도를 개선한다. 즉, 찬팅은 심장과 혈관이 모든 상황에 더 잘 대응하도록 만들며, 그 결과 스트레스 회복탄력성을 높인다.

함께 노래하기

요가 수업에서 '옴' 찬팅을 하거나 교회에서 찬송가를 부르거나, 또는 '생일 축하' 노래를 같이 부르는 것은 집단의 자율 리듬을 동기화한다. 따라서 사회적 유대감이 더 깊어질 수 있다. 여러 문화에 전통적인 노래가 있고, 나라마다 국가가 있으며, 종교 활동에서 노래로 사람들이 이완하고 유대감을 느끼게 만드는 데는 다 이유가 있다. 효과적이기 때문이다. 그러니 삶에서 이런 요소를 더 자주 접목할 방법을 찾아보자. 합창단에 가입하거나 집에서 노래하는 것도 좋다.

옴(아움)

'옴'은 수천 년 동안 명상과 요가 수련에서 활용되어 왔다. '옴' 찬팅은 다른 소리보다 효과가 더 뛰어난 것으로 보인다. 2011년의 한 연구에서는 fMRI 스캔을 이용해 '스스스' 소리와 '옴' 소리를 비교했다. 그 결과 '옴'이 비활성화하는 뇌의 영역이 더 많았다. 그중에서도 두려움과 연관되는 오른쪽 편도체에 큰 영향을 미쳤다.

소리의 색

다양한 소리 주파수(또는 색)는
명상 수련을 돕는다.

화이트 노이즈
윙윙거리는 소리,
쉿 하는 소리:
소리를 덮어주어
집중력 향상

핑크 노이즈
빗소리,
바스락거리는 낙엽 소리:
수면과 기억력 개선

브라운 노이즈
폭포, 천둥 소리:
이완, 수면과 집중력 개선

소리 주파수

빛과 마찬가지로 소리에도 파장이 있다. 이 파장이 만드는 주파수는 소리를 인식하는 데 영향을 미친다. 모든 빛의 색을 합쳤을 때 흰색이 되는 것처럼, 화이트 노이즈(선풍기나 에어컨이 돌아가는 소리)에는 들을 수 있는 모든 주파수의 소리가 포함되어 있어 다른 소음을 차단하는 역할을 한다. 반면에 핑크 노이즈(빗소리 등)와 브라운 노이즈(천둥소리 등)는 높은 주파수를 제한해 기억 통합과 서파 수면을 개선하는 것으로 나타났다. 진짜 또는 녹음된 이런 주파수의 소리를 들으면 명상 수련과 일상 활동 중에 휴식과 집중을 촉진할 수 있다.

바이노럴 비트

바이노럴 비트(Binaural beat)는 서로 다른 두 개의 주파수 소리로 구성된다. 의도적으로 헤드폰을 통해 양쪽 귀에 서로 다른 주파수의 소리가 들리도록 만들어졌다. 이렇게 들리는 소리를 뇌에서 하나의 통합된 소리로 인식하면 동조(entrainment)라는 현상을 통해 신경 활동을 동기화할 수 있다. 이는 생각하고 느끼는 방식을 바꿀 수 있다. 헤르츠(Hz) 기준으로 바이노럴 비트에서처럼 특정한 주파수의 소리가 뇌파를 바꾸는 것으로 나타났다.

• 4~8Hz 바이노럴 비트는 명상 상태와 연관되는 세타파를 유도한다.

• 8~13Hz 바이노럴 비트는 명상 상태와 연관되는 알파파를 촉진한다.

• 16~25Hz 바이노럴 비트는 집중력을 높이는 베타파를 유도한다.

• 40Hz 바이노럴 비트는 작업 기억을 개선하는 감마파를 유도한다(다양한 뇌파에 관한 차트는 40페이지 참조).

음악의 강도

외부의 리듬은 내부의 리듬에 영향을 미친다. 싱잉볼의 진동부터 차 안의 스피커로 크게 틀어 놓은 음악까지, 우리 몸은 내부에서부터 외부의 소리를 구현한다. 편안하고 느린 템포의 음악은 심박수와 호흡 리듬을 눈에 띄게 늦춘다. 역동적인 요가를 수련할 때 음악의 템포를 다르게 하면 마찬가지의 효과를 주고, 고요함을 더 크게 느낄 수 있다. 음악을 통해 강도와 초점, 호흡을 바꾸고 난 다음 잠시 멈추어서 고요하게 있으면 평온함을 더 깊게 느끼는 경우가 많다.

사운드 배스

사운드 배스(Sound bath)는 전신을 통과하는 소리의 진동에 의식을 집중하는 명상법이다. 사운드 배스나 사운드 힐링 세션에 참여해보자. 보통은 요가나 명상 수업과 동반해 진행된다. 이런 세션에서는 금속 또는 크리스탈로 된 싱잉볼을 사용해 공명과 몰입이 잘 되는 소리를 낸다. 또한 나무가 스치는 소리, 해변에서 파도치는 소리, 폭포가 떨어지는 소리 등 자연의 소리로 사운드 배스를 할 수 있다.

소리 명상

내가 오늘 끌리는 소리를 선택한다. 편안한 음악일 수도 있고, 온라인에서 찾은 녹음된 소리일 수도 있다. 또는 밖으로 나가 파도 소리나 나무가 스치는 소리 등 원하는 자연의 소리를 들을 수 있는 곳을 찾는다.

1. 편안하게 앉아서 다음 단계를 읽는다. 준비되면 눈을 감고 선택한 소리를 듣는다.

2. 잠시 지금 들리는 모든 소리를 알아차린다.

3. 먼 곳의 소리에 집중한다. 최대한 가장 먼 곳의 소리를 듣는다.

4. 이제 주변의 소리에 집중한다.

5. 이제 더 가까운 곳의 소리를 듣는다.

6. 주변의 모든 소리가 들리는 가운데 의식을 내 호흡 소리에 집중한다.

7. 호흡의 리듬을 알아차린다. 주변 소리와 동기화되거나 주변 소리를 따라 하는가?

8. 이제 모든 소리를 관찰한다. 멀리서 나는 소리부터 가까운 소리까지 동시에 바라본다.

9. 들리는 소리와 연관된 모든 감정과 내부의 느낌을 알아차린다.

10. 소리가 어떻게 발생해 변하고 자연스럽게 사라지는지 알아차린다. 이런 소리는 일시적이며 계속되지 않는다.

시각에 집중하기

명상하고 의식을 집중하는 데 좋아하는 물건을 사용할 수 있다.
아름다운 공예품처럼 작은 물건부터 크게는 하늘까지 그 대상으로 삼을 수 있다.
이렇게 하면 의식을 현재에 집중할 수 있을 뿐만 아니라
경이롭고 놀라운 마음으로 세상을 새롭게 바라볼 수 있다.

책상 위에 있는 작은 물건부터 멀리 있는 산까지, 어떤 대상이라도 명상 시 집중하는 데 활용할 수 있다. 요가 자세 중에는 손을, 명상 중에는 코끝을 바라볼 수도 있다. 예술 작품, 작은 조각상, 수공예품, 글 한 편, 꽃 몇 송이 등 좋아하는 대상을 앉아서 바라보는 것도 좋다. 주변의 모든 것을 의식적으로 바라보면 된다.

우리 주변의 세상

많은 사람이 공간은 아무것도 아니라고 생각하지만, 꽃병 같은 물체를 보면 사물이라고 인식한다. 그러나 꽃병의 진정한 가치는 공간을 채우는 데서 나온다. 집의 본질이 벽에 있는 것이 아니라 그 벽이 만드는 공간인 것처럼 말이다. 사실 고형의 물체라고 여겨지는 것 대부분은 원자 사이 그리고 원자 내의 공간으로 구성된다. 그리고 우리 역시 대부분 원자로 구성되어 있으므로, 주로 공간과 에너지가 우리를 구성한다고 볼 수 있다.

우리는 우주 공간의 미세한 고체입자로 구성되어 있다. 천체물리학자들은 우리 몸의 거의 모든 원자가 별에서 유래한 것으로 추정한다. 강력한 폭발을 통해 행성이 초신성이 되었고, 지구와 인간을 만들어낸 요소로 가득 찬 우주먼지를 방출했다. 그렇다면 이것이 명상에 어떻게 적용될까? 아래의 1분 명상을 해보자. 우리는 하늘의 별에서 유래했다. 별을 바라보는 행위는 심오한 사색이며, 더 넓은 시각으로 걱정거리를 바라볼 수 있게 한다.

1분 명상
의식적으로 별 바라보기

가능할 때마다 1분 정도 밤하늘을 바라본다. 하늘의 별을 알아차린다. 어느 별 하나가 특히 눈길을 끄는가? 지금 달의 모양이 어느 단계에 있는지 확인한다. 달이 점점 보름달로 차오르고 있는가, 아니면 그믐달로 이지러지고 있는가? 깊이 호흡하며 밤하늘을 받아들인다.

과학적 근거

달빛을 쐬는 행위(달맞이)가 신비주의처럼 느껴질 수 있지만, 정신 건강을 증진할 수 있다. 밤에 자연을 바라보면 긍정적인 감정, 자연과 연결되는 느낌의 강화, 내적인 성장, 초월적 경험 등 여러 가지 이점이 있다는 것이 연구로 밝혀졌다. 또한 화면의 청색광이나 인공조명보다는 밤하늘에 눈이 익숙해지면 멜라토닌 호르몬 수치를 조절하는 데 도움이 되어 수면-기상 주기(102페이지 참조)도 개선할 수 있다.

주변의 모든 것을 의식적으로 바라보면 된다.

새로운 시각으로 세상 바라보기

이 짧은 명상에 관해 읽으면서 등을 곧게 세운다. 그리고 이 방법을 하루 중 어느 때라도 적용해 새로운 관점으로 바라보도록 한다.

1. 지금 눈앞의 책에 있는 단어를 바라보는 것으로 시작한다. 그런 다음 단어 주변의 배경 공간을 바라본다.

2. 이제 평상시에 보는 방의 모습을 살펴본다. 보통은 어수선한 방에 있는 물건 같은 것에 초점을 맞추게 된다. 그러지 말고, 예술가처럼 물건 주변과 물건 사이에 있는 공간의 형태와 윤곽을 본다. 엄청난 예술 작품의 배경 공간을 그린다고 생각하고 호기심과 집중력을 갖고 접근한다.

3. 부드러운 시선으로 전체를 한 번에 본다. 세상을 공간의 관점에서 바라본 느낌이 어떤가?

촉각의 힘

촉각은 가장 먼저 발달하는 감각이자 감정을 조절하는 핵심적인 요소다.
언제나 존재하는 신체의 감각은 끊임없이 변해,
명상이나 하루 중에 의식적으로 있을 때 현재에 머물게 할 수 있는 훌륭한 닻이다.

이 책을 읽으면서 여러분은 자기 피부를 느낄 수 있는가? 피부는 신체에서 가장 큰 장기다. 물리적인 장벽으로서, 외부 세계로부터 우리를 보호하고, 외부 세계를 인식하는 역할을 한다. 촉각은 사랑하는 사람과 포옹할 때의 따뜻하고 포근한 느낌, 사랑이 싹틀 때 전기가 통하는 느낌, 누군가가 감시하는 듯할 때 받는 섬뜩한 느낌, 보디 스캔 명상 후 통증이 줄어드는 느낌, 상냥한 제스처나 뜻밖의 순간에 소름이 돋는 느낌 등을 관장한다. 우리는 촉각으로 외부 세계와 연결된다. 그리고 내적 세계와 깊이 연결되는 데에도 이용할 수 있다.

내적 신체 자각
'내부 수용 감각'이란 내적 신체 자각을 의미한다. 이를 통해 자기 자신을 인지할 수 있다. 여기에는 피부가 내적 세계를 인식하는 능력이 포함된다. 피부 표면 바로 아래와 더 깊은 곳에서 일어나는 일, 예를 들면 심장이 뛰는 것, 배가 꾸르륵거리는 것, 무언가 잘못되었을 때의 직감 또는 가슴이 철렁 내려앉

는 느낌 등이 해당한다. 내부 수용 감각이 높아지면 직관을 활용하는 데 도움이 된다. 그리고 몸이 보내는 신호와 요구 사항을 더 잘 인지할수록 필요한 것을 할 수 있는 능력도 좋아진다.

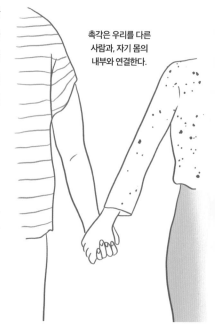

촉각은 우리를 다른 사람과, 자기 몸의 내부와 연결한다.

촉각 살펴보기

이 명상에서는 자신의 촉각에 집중해본다. 이를 통해 몸의 내부를 자각하는 능력, 즉 '내부 수용 감각'을 키울 수 있다. 편하게 앉거나 누워서 명상한다.

1. 먼저 피부 표면을 느낀다. 무언가와 물리적으로 맞닿아 있는 부분을 알아차린다. 옷의 무게를 느낄 수 있는가? 무언가와 아무것도 맞닿지 않은 부분을 알아차린다. 피부로 공기의 흐름과 기온을 느낄 수 있는가?

2. 이제 피부를 기준으로 전신의 바깥쪽 경계를 느낀다. 몸의 전체적인 형체를 느낄 수 있는가?

3. 의식을 피부 바로 아래의 조금 깊은 곳으로 가져간다. 내부에서 일어나는 감각과 진동을 느낀다.

4. 의식을 손바닥에 집중한다. 손바닥에는 수많은 신경 수용체가 있다. 손에서 느껴지는 감각, 진동 등을 잠시 느낀다.

5. 이제 손을 심장 위에 놓는다. 전기적이고 기계적인 펌프가 자동으로 몸에 산소가 가득한 피를 공급하며 뛰는 것이 느껴지는가?

6. 손을 무릎 위에 놓는다. 통증을 완화하고 순환을 자극하며 치유를 돕기 위해 부드럽게 마사지해도 좋다. 숨을 마시면서 무릎 덕분에 여기저기 돌아다닐 수 있었던 점에 감사한다.

7. 숨을 내쉬면서 발바닥이 지면이나 바닥을 딛고 있는 것을 느낀다. 전신이 감각에 휩싸인 것을 느낀다.

걷기 명상

걷기는 업무 이메일을 보던 사이에 마음을 비우는 데 도움이 된다.
그런데 걷기 명상에는 이보다 더 큰 이점이 있다.
이제부터는 걷기 명상을 일상에 접목하는 방법을 알아보겠다.

오늘날의 생활방식은 그 어느 때보다 앉아 있는 시간이 많다. 그리고 이는 특히나 건강에 좋지 않다. 누군가는 앉아 있는 것이 흡연과 다름없다고 할 정도다. 걷기는 불안과 우울 증상을 감소시키고 균형 감각을 개선해 넘어지지 않게 한다. 걷기 명상은 실용적이고 건강한 습관으로, 장시간 앉아 있는 것으로 인한 안 좋은 부작용을 예방하고 완화할 수 있다. 걷기에는 다음을 포함한 다양한 이점이 있다.

• 혈액·림프의 흐름을 개선하고 체액을 다시 심장으로 돌려보내 발과 발목의 부기를 예방·완화한다.
• 자세에 대한 인식을 개선한다.
• 오랜 시간 앉아 있거나 앉아서 하던 일의 스트레스를 완화한다.
• 장을 움직이고 정상적인 상태로 만들어 소화기관이 건강해지도록 한다.

단 2분만 걸어도 차이를 만들 수 있다. 여기에 명상을 더하면 주변과 더 강하게 연결되고 마음도 편안해진다.

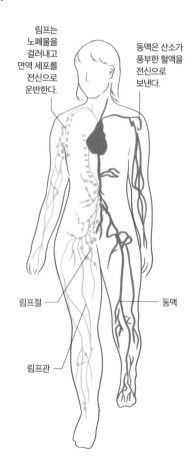

림프는 노폐물을 걸러내고 면역 세포를 전신으로 운반한다.

동맥은 산소가 풍부한 혈액을 전신으로 보낸다.

림프절

동맥

림프관

걷기는 전신의 **림프와 혈액 흐름을 개선**한다.
고관절과 팔의 움직임은 림프액의 흐름에
특히 도움이 된다.

이동 중의 명상

출근길이나 물건 사러 갈 때의 걷기는 바쁜 하루 중에 명상을 수련할 (그리고 그로 인한 마음의 평화를 얻을) 좋은 기회다. 이 명상법은 배우기도 쉽다.

1. 수련 장소를 찾는다. 실내, 실외, 도심, 자연 등 어디서든 할 수 있다. 공간이 좁다면 직선이나 원형(전통적으로는 시계방향)으로 오갈 수 있다.

2. 현재 순간을 알아차린다. 서 있을 때 지면을 딛고 있는 발을 느낀다. 자기의 자세를 인식한다. 모든 감각을 동원해 현재 순간의 모든 측면을 알아차린다. 무엇이 보이고 들리는가? 냄새와 맛은 어떠한가? 몸에서 무엇이 느껴지는가?

3. 호흡에 따라 의식적으로 걷는다. 자연스러운 호흡 속도를 알아차린다. 자연스럽게 호흡과 어우러지는 걷기 리듬을 찾는다. 들숨에 자연스럽게 몇 걸음을 갈 수 있는지, 날숨(들숨보다는 조금 길게)에 몇 걸음을 갈 수 있는지 세본다. 폐와 몸이 리듬을 선택하도록 하고 그저 이를 알아차린다. 계속 걷거나 오르막길을 걸으면 이 리듬이 바뀌는 것을 느낄 수 있다.

4. 괜찮다면 계속 걷는다. 처음에는 5분 또는 더 긴 시간 동안 걸을 수 있다. 시간이 되는 만큼 걷는다. 걸으면서 아래의 지침을 활용해 자연스럽게 다른 곳으로 흘러가는 마음을 다시 현재의 순간으로 가져온다.

딛는다. 발로 땅에 키스하듯이 사랑을 담아 지면을 딛는다.

상상한다. 세상에서 가장 행복한 사람이라면 어떤 느낌으로 걸을지 상상한다.

기억한다. 목적지에 도달해야 한다는 목표가 없으므로 조급해할 필요가 없음을 기억한다.

집중한다. 걸음마다 현재의 순간에 집중한다.

말하는 것을 생각한다. 걸음마다 만트라로 "예" 또는 "감사합니다"라고 말하는 것을 생각해본다.

부드럽게 미소 짓는다. 부드럽게, 약간의 미소를 지으면 이 미소가 명상 수련에 평온함과 기쁨을 가져다줄 것이다.

통근길 스트레스 완화

통근은 한 지점에서 다른 지점까지 자동으로 오가는 행위다.
따라서 귀중한 시간을 낭비하는 것같이 느껴지기도 한다.
때로는 통근길이 예정대로 흘러가지 않으면 굉장히 짜증이 날 수도 있다.
그렇지만 무의식적으로 다니는 것보다, 통근길을 의식적으로 만들 기회로 삼아보자.

교통 체증에 갇혔을 때 불안, 분노, 안절부절 못하는 마음이 드는지 살펴본다. 짜증이 날 때는 몸에서 분노가 어떻게 느껴지는지 알아차린다. 무슨 일이 일어나는가? 어깨가 위로 올라가고 턱에 힘이 들어가는가? 혈압이 오르고 심장이 뛰는 것을 느낄 수 있는가? 우선은 몸 내부를 느낀다. 그냥 알아차리는 것만으로도 이완이 된다.

그런 다음, 그렇게 흥분하는 것이 얼마나 부질없는 일인가를 알아차린다. 그런 마음이 도움이 되는가? 몸과 정신 건강에 영향을 줄 정도로 가치가 있는가? 물론 약간의 좌절감은 다음 날 더 일찍 출근하게 할 수 있다. 그러나 머릿속에서 그런 상황을 계속해서 생각하는 것이 과연 도움이 될까? 음악은 긴장을 푸는 데 도움이 된다. 노래는 효과가 더 좋다! 숨을 길게 내쉬거나 진동도 미주 신경(50페이지 참조)에 영향을 주어 침착하게 몸과 마음을 연결하는 데 도움이 된다. 또는 세 번 깊게 호흡하거나 생리학적 한숨(135페이지 참조)을 쉬어 이런 감정을 해소한다.

좌절감이 들면
마음챙김과 진정하는
호흡으로 나의 반응을
조절한다.

1분 명상
자비의 마음으로 기다리기

교통 체증에 갇히거나 다음 기차를 기다릴 때 시간을 보낼 또 다른 방법으로는 사랑하는 사람이나 눈에 보이는 모르는 사람에게 자비의 마음을 보내는 것이 있다. "그들이 안전하기를, 그들이 건강하기를, 그들이 즐겁기를, 그들에게 고통이 없기를, 그들이 편안하기를"과 같이 상냥한 말을 조용히 반복한다(이때 대상을 응시하지 않는다).

이동 중에 마음챙김

통근 시간을 최대한 활용해 마음챙김을 수련해보자. 의식적으로 되면 단순한 것도 훨씬 흥미롭게 느껴짐을 알 수 있다.

1. 감각을 받아들인다.
2. 시간에 따라 주변의 모든 것이 어떻게 변하는지 관찰한다. 이동하며 지나치는 교외나 도심의 경치, 벽돌과 타일의 패턴, 머리 위의 나무를 알아차린다.
3. 호흡에 의식을 집중하면서 변하는 배경의 환경을 명확하게 인지한다.

공항과 비행기 안에서

어떤 사람은 새로운 장소에 가고 사랑하는 사람을 만날 수 있어 비행기 여행을 즐긴다.
그런가 하면 공항에서 시간을 보내는 게 지루하고 스트레스를 받는 사람도 있다.
또한 비행을 두려워하는 사람도 많다. 명상은 이런 모든 여행 경험에 위안을 줄 수 있다.

공항에서처럼 장시간 대기하는 경우, 정식으로 앉아서 명상을 수련하기에 좋다. 게다가 여행 중에 마음챙김은 안정감과 주의력을 유지하면서도 여정을 즐기는 데 도움이 된다.

공항에서 대기할 때

비행기를 타기 전에 편안하게 앉을 수 있는 곳을 찾아서 이 명상을 해본다. 비행기가 지연되었다면 이 명상이 매우 유용할 것이다. 또한 터미널에서 걷기 명상(144페이지 참조)을 하는 것도 고려해볼 수 있다.

1. 앉은 상태에서 눈을 뜨고 긴장을 유지한다. 창문 너머로 비행기의 이륙을 바라볼 수도 있다. 또한 주변의 사람들이 이동하는 것을 관찰할 수도 있다. 머릿속에 판단하는 마음이 들면 이를 알아차리고 그 생각을 흘려보낸다. 부드럽고 중립적인 시선으로 바라본다.

2. 소리를 접목할 수도 있다. 헤드폰으로 조용한 음악을 듣거나 주변의 소리를 받아들인다. 이때 집중하는 대상이 현재에 있도록 한다.
3. 공항에 오기까지 서둘렀을 수도 있다. 그러니 등을 곧게 세우고 앉아서 정지한 상태가 어떤 느낌을 주는지 알아차린다.
4. 잠시(또는 몇 분간) 시각, 청각, 신체적 감각, 후각, 미각 등 **다섯 가지 감각을 각각 알아차린다.**
5. 이제 3차원적으로 완전히 현재의 순간을 받아들인다. 모든 감각을 동시에 알아차린다. 원한다면 편안함을 느끼는 데 도움이 되었던 어느 한 감각으로 돌아와 집중한다.

비행 중에도 땅에 있는 것 같은 느낌을 받을 수 있다.

비행 공포

최악의 상황을 상상하면 초조함이 공포로 심각해질 수 있다. 많이 긴장되면 적응하기 (Orient), 움직이기(Move), 그라운딩(Ground)으로 마음의 하늘을 맑게 만들어보자. 이 "OMG" 방법은 압도되는 감정을 느낄 때 내면의 안정감을 찾을 수 있도록 『Anxiety Is Really Strange(불안은 정말 이상해)』의 저자 스티브 헤인즈가 만든 방법이다.

- **적응하기**: 최악의 상황을 상상하지 말고, 지금 무슨 일이 벌어지는지 인지한다. 무엇이 보이고 들리며 만져지는가?
- **움직이기**: 아주 작은 움직임도 몸과 분리되어 있다는 느낌을 줄이고 통제력을 되찾는 데 도움이 된다. 비행 전에 가능하면 걸어 다니며 움직인다. 비행기 안이라면 공간이 좁으므로 다음 방법을 시도해본다.

  a. 자세를 고치고 좌석에 닿는 신체 부위를 느낀다.

  b. 허벅지나 주먹 등 근육에 힘을 주었다가 푼다.

  c. 팔걸이, 무릎, 같이 여행하는 사람의 손 등 손에 닿는 것을 만진다.

  d. 발가락을 꼼지락거린다.

- **그라운딩**: 비행 중에도 땅에 있는 것 같은 느낌을 받을 수 있다. 다음에 집중해본다.

a. 발이 비행기 바닥에 닿는 것을 느낀다.

b. 호흡에 따라 움직이는 복부를 느낀다.

c. 숨을 내쉴 때마다 몸이 이완되는 것을 관찰한다.

d. 다음 방법으로 호흡을 조절한다.

진정하는 호흡

비행기가 이륙하거나 착륙할 때, 난기류를 만났을 때 이 호흡법을 시도해본다. 이 방법으로 호흡과 혈압을 조절할 수 있다. 연구에 따르면 분당 호흡(bpm)을 5~6회 정도로 늦추는 것이 도움이 된다. 5초 동안 숨을 마시고 6bpm이 되게 내쉰다. 아래 지침의 '그리고'까지 하면 약 5.5bpm이 될 것이다.

1. 속으로 5초 약간 넘게 세면서 숨을 마시고 내쉰다.

"마시고 2, 3, 4, 5, 그리고…

내쉬고 2, 3, 4, 5, 그리고…"

2. 코로 숨을 마신 다음 입술을 오므리고 입으로 내쉬는 호흡을 몇 번 한다. 자신에게 맞는 길이만큼 다시 코로 호흡한다.

3. 필요한 만큼 반복한다. 가슴만이 아니라 복부까지 깊게 호흡하도록 한다.

의식적인 움직임

비행기 안에서 오랜 시간 앉아 있으면 몸이 둔해지고 불편하다는 느낌을 받을 수 있다. 따라서 다음과 같이 좌석에서 의식적으로 움직여보자. 이는 특히 발과 발목의 부종(체액이 쌓이는 것)과 기내 압력, 장시간 앉은 자세 때문에 비행 중에 종종 발생하는 여러 순환 문제를 예방할 수 있다.

1. 발이 비행기 바닥에 닿는 것을 느낀다. 발가락을 들어 올렸다가 힘을 풀고 내려놓는다. 이제 뒤꿈치를 들어 올렸다가 힘을 풀고 내려놓는다. 이 동작을 30회 반복한다.

2. 제자리 걷기를 하듯이 다리를 움직인다. 20걸음을 걷는다고 상상하며 움직인다.

3. 바닥에서 약간 뒤꿈치를 들어 올려서 발목을 돌린다. 각 방향으로 10회씩 돌린다.

4. 한 시간마다 이 동작을 반복한다.

5. 공간에 여유가 있다면 상체도 스트레칭한다. 옆 사람에게 방해되지 않는 정도로 작은 움직임도 큰 차이를 만든다.

비행 중에 몸이 나빠졌을 때

메스꺼움, 두통, 식은땀이나 오한, 어지러움을 느낀다면 아래의 팁을 적용해 몸에 무엇이 필요한지 의식한다.

- 머리 위의 환기구를 완전히 열어서 주변에 공기가 더 많이 흐르게 한다.
- 속귀(내이)의 대기압을 맞추기 위해 하품한다.
- 호흡을 조절해 천천히 속도를 늦춘다(특히 호흡 정지에 빠질 수 있는 난기류일 때).
- 손목을 지압하면 메스꺼움에 도움이 될 수 있다(109페이지를 참조해 시도한다).
- 눈을 쉬게 한다. 눈을 감거나 창문 밖의 수평선에 시선을 고정한다.

발가락을 들어 올렸다가 힘을 푼다.

뒤꿈치를 들어 올렸다가 힘을 푼다.

좌석에서 의식적으로 운동을 하면 순환에 도움이 된다.

자연과 연결됨을 느끼기

명상은 언제나 자연과 밀접하게 연관되어 있다.
부처는 강 옆의 보리수나무('깨달음의 나무') 아래에 앉아서
가장 높은 형태의 영적 합일, 즉 깨달음(열반)을 얻었다.

오늘날 많은 사람이 바쁜 일상에서 잠시 벗어나 자연을 즐기는 것이 전반적인 웰빙에 필수라는 점을 인식하고 있다. 과학에서도 자연이 인간에게 미치는 강력한 영향을 조명한다. 자연에서 보내는 시간이 스트레스 경감부터 치유 촉진까지 다양한 건강상의 이점이 있음을 증명하는 연구도 많아졌다. 2019년 〈네이처〉에 게재된 한 연구에서는 약 2만 명을 상대로 설문조사를 벌였고, 매주 최소 2시간 정도 자연에서 시간을 보내는 것은 좋은 건강, 웰빙과 연관된다는 결론을 내렸다.

1분 명상
지면 느끼기

다음에 기회가 된다면 신발을 벗고 맨발로 풀밭에 서보자. 지구가 빛을 발하는 것처럼 에너지를 흡수한다고 상상한다. 숨을 내쉴 때마다 에너지가 지면으로 가라앉는 것을 시각화한다.

초록색과 파란색의 힘

하루 중에 자연을 잠깐 보는 것만으로도 변화를 느낄 수 있다. 숲이나 호수에 갈 수 없다면 분수대 옆에 앉거나 잔디에서 신발을 벗는 등의 간단한 행동도 건강을 유의미하게 증진할 수 있다. 도심 환경을 포함해 평온한 자연환경이 몸과 마음에 미치는 긍정적인 영향을 살펴보자.

초록색과 파란색 공간

공원, 옥상 정원, 발코니 등 초록색 공간은 행복감을 높이는 등 건강을 증진하는 상당한 효과가 있다. 바다나 도시의 분수대 같은 파란색 공간도 비슷한 효과가 있으며, 물의 움직임이 만드는, 명상하는 것과 같은 리듬은 명확한 사고와 진정 효과를 높인다.

삼림욕

일본의 연구자들은 '삼림욕', 즉 자연 속에서 산책하는 것이 혈중 NK세포 수치를 대폭 높여 면역 체계가 감염, 종양에 대항하는 능력을 키운다는 사실을 발견했다. 이들은 공기 중 향기로운 에어졸이 긍정적인 효과가 배가되는 데 영향을 미치는 것으로 보았다.

청각과 시각

자연의 소리를 듣고 아름다운 경치를 보는 것만으로도 긍정적인 감정 상태를 유도할 수 있다. 오디오 명상 대부분에는 새소리 등 편안한 자연의 소리 또는 이미지가 포함되어 명상의 효과를 높인다(소리에 관한 자세한 내용은 137페이지 참조).

그라운딩(접지)

대지의 음이온과 신체적으로 접촉하면 다양한 생리학적 효과를 증진할 수 있다는 증거가 제시되고 있다. 여기에는 염증, 통증, 스트레스 호르몬 감소와 혈류, 수면, 혈당 개선, 생체 시계 조절 등이 있다. 연구자들은 이 현상을 '접지'(또는 그라운딩)라고 한다. 이는 맨발로 걷기 명상(144페이지 참조)을 하거나 나무 아래에 앉거나 누워서 명상하면 경험할 수 있다.

자연스러운 감각

도심 속 작은 공원이든 숲이든, 다음에 자연 속에 있게 된다면 걷기 명상(144페이지 참조)을 하거나 다음의 3단계 명상을 해보자.

1. 편안한 자세를 취한다. 바닥이나 벤치에 앉거나, 무릎을 꿇고 뒤꿈치 쪽에 체중을 실어 앉는다.

2. 다섯 가지 감각 전체를 각각 동원한다. 피부로 바람과 대기의 기온을 물리적으로 느낀다. 땅, 바위, 나무를 **만져본다**. 잠시 하늘과 땅을 포함해 주변을 모두 **둘러본다**. 멀고 가까운 곳에서 들리는 **소리를 듣고** 알아차린다. 전경의 큰 소리와 배경의 더 미묘한 소리를 알아차린다. 코로 숨을 깊이 들이마시고 주변의 **향기**를 알아차린다. 입안의 혀를 느껴보고 **맛**을 알아차린다.

3. 모든 감각을 동시에 느낀다. 그 순간의 모든 층위에 완전히 몰입한다. 의식이 다른 곳으로 향하면 개별적인 감각으로 다시 돌아간다. 어떤 사람은 이를 가리켜 직관과 내면의 지혜와 연결되는 것이라고 한다. 내 안에는 어떤 지혜가 있는가?

매주 최소 2시간 정도
자연에서
시간을 보내는 것은
좋은 건강, 웰빙과
관련이 있다.

도심의 발코니를 포함해 모든 녹지 공간에서는
더 향상된 명상 수련을 할 수 있다.

의식적으로 정원 가꾸기

정원 가꾸기는 여러 가지 정신 건강상의 이점이 있는 것으로 알려졌다.
불안과 우울증을 낮추고 기분을 좋게 하며 인지 기능과 기억력을 증진한다.
또한 더 큰 목적의식과 만족감을 준다.

정원 가꾸기는 즉각적으로 자연을 느끼고
그로 인한 혜택을 받을 수 있다. 또한 할 수
있는 범위에서 의식적으로 움직이면 엄청
난 운동이 되기도 한다. 다행히 부상이나
관절염 등 건강 문제가 있는 사람도 자기
조건에 맞추어서 정원을 가꿀 수 있다.

정원에서 하는 명상

정원을 가꾸는 경험을 향상시키려면 존 카
밧진이 제시한 일곱 가지 기본적인 마음챙
김 태도를 접목해보자. 이 태도는 어느 활
동에도 적용할 수 있지만, 특히나 정원 가
꾸기에 잘 맞는다(다음 페이지 참조).

작업대의
높이가 높으면
접근성이
좋아진다.

선크림을
바르거나
모자를 써서
햇빛으로부터
보호한다.

정원 일을 할 때 몸의 구조를
잘 활용한다. 예를 들어,
허리만 굽히기보다는
고관절과 무릎을 굽혀서 쓴다.

의식적인 정원 가꾸기의 일곱 가지 원칙

하나를 그날의 주제로 선정하고 정원을 가꾸거나 집에 있는 화분에 물과 영양분을 주며 그 주제의 존재를 관찰한다.

1 판단하지 않음

끌리는 것(꽃)과 혐오하는 것(잡초)을 알아차린다. 좋고 나쁨, 옳고 그름 등을 판단하지 않고 모두를 동등하게 볼 수 있는가? 정원 손질 기술에 관해 자신이 무엇을 아는지 알아차리고, 판단하는 것에서 관대함으로 초점을 바꾼다.

2 인내심

정원을 가꾸면서 인내심을 기른다. 식물도 그렇지만 내적인 성장에도 시간이 걸린다는 점을 이해한다. 쪼그려 앉거나 허리를 굽힐 때, 자연스러운 몸의 가동 범위에 제약이 있다면 좌절하기보다는 인내심을 가지고 몸을 움직이자.

3 초심자의 마음

매일 정원 가꾸기를 처음 하듯이 접근한다. 아이 같은 호기심으로 새싹이 자라나는 것을 경이로운 마음으로 본다. 손에 흙도 묻히고, 궁금증을 갖고 곤충을 관찰한다. 그리고 생명의 신비에 놀라워 하는 마음을 갖는다.

4 신뢰

자신의 내적 지혜와 자연의 지혜를 신뢰한다. 그러면서 식물이 제 속도로 잘 크도록 한다.

5 애쓰지 않음

끊임없이 완벽을 추구하고자 하는 욕구나 정원에 대한 구체적인 비전을 내려놓는다. 현재 순간의 아름다움을 받아들인다.

6 수용

자기가 기대하던 것이 아니더라도 받아들인다. 성장, 부패, 재탄생의 과정을 환영한다. 그러면서 어떤 식물은 잘 크고 다른 식물은 그렇지 못할 수 있음을 이해한다.

7 흘려보내기

날씨, 대자연의 의지 등 정원 가꾸기의 어떤 면은 내가 통제할 수 없음을 인정한다.

명상과 스포츠에서 퍼포먼스

마음챙김은 퍼포먼스, 즐거움, 전반적인 경험을 증진해 운동과 스포츠 결과를 향상한다. 스포츠 심리학에서 정신적 명료성, 집중력, 경쟁에 대한 건강한 태도를 함양하는 데 명상이 효과적임을 강조하는 연구 결과가 있다.

시각화 같은 명상법은 유연성, 힘, 회복을 돕는다. 그리고 마음챙김은 경기에 나서는 마음을 잘 준비하도록 한다. '애쓰지 않는 행동'(164페이지 참조)이라고 번역되는 기공의 개념인 무위라는 태도는 역설적으로 스포츠에서의 퍼포먼스를 증진하는 효과가 있다. 무위란 통제를 버리고 만사가 자연적으로 일어나게 하는 것을 말한다. 마음챙김으로 스포츠 경기에 임하면 선수들은 결과에 대한 집착을 버리고 몰입 상태에 빠지게 된다. 그 결과 최고의 퍼포먼스를 끌어낸다. 게다가 애쓰지 않는 마음은 압박감을 줄이고 선수가 건강을 유지하게끔 한다.

의식적인 움직임

움직임에 마음챙김을 접목하면 부상을 방지하고 근육을 더 효율적으로 쓸 수 있으며 명랑한 호기심을 통합할 수 있다. 수영, 운동 등 다양한 상황에서 명상을 접목할 수 있는 예시를 살펴보자.

- **수영**: 스트로크 수를 세며 현재에 머무른다. 피부에 닿는 물의 느낌에 집중한다. 물속에서 손이 어떻게 움직이는지 알아차린다.
- **하이킹**: 자연과 더 깊게 연결되는 감각과 즐거움이 배가되는 느낌에 몰입한다(153페이지 참조).
- **팀 스포츠**: 판단하지 않는 태도를 수련한다. 그러면 소통과 공감하는 능력을 높일 수 있다.
- **요가**: 예를 들어, 플랭크 자세를 할 때 시간(초)을 세기보다 호흡수를 세면서 더 의식적으로 호흡한다.
- **헬스장에서**: 최고의 몸 상태로 (또는 자기 역량을 뛰어넘어) 운동하는 모습과 근육이 더 강해지는 모습을 시각화한다. 연구에 따르면 이 방법이 퍼포먼스를 증진시킨다.

경기 전, 현재에 머무르기

경기를 시작하기 전에 이기고 싶다는 생각에 집중하는 것이 아니라, 경기에서 현재에 머무르는 것에 우선순위를 둔다.

1. **키가 커지도록 서서 경기의 가장 즐거운 부분이 무엇인지 생각한다.** 왜 경기에 나서는가?

2. **즐기면서 최상의 상태로 경기에 임하는 모습을 시각화한다.** 이때 미소를 지을 수도 있다.

3. **속삭이는 듯한 소리로 호흡하면서 목 안쪽에서 호흡을 느낀다.** 이런 호흡을 바다 호흡(웃자이 호흡)이라고 한다. 이때 속삭이는 듯한 소리가 평온함을 준다. 그리고 몸을 따뜻하게 하며 활력을 준다.

4. **준비되면 몸을 움직이면서 푼다.** 점점 강도를 높인다. 침착함과 활력이 조화를 이루면서 활기차게 경기에 나설 수 있을 것이다.

성찰하면서 회복하기

어느 운동이든 회복이 중요하다. 회복, 휴식, 재충전할 시간을 충분히 가지면 근육과 마음이 회복하는 데 도움이 된다.

1. **몸으로 할 수 있는 모든 것에 잠시 감사하는 시간을 갖는다.**

2. **천천히 길게 스트레칭을 해서 몸과 에너지를 진정시킨다.** 의도적으로 호흡을 천천히 하면서 의식적으로 움직인다.

3. **몇 분간 숨을 길게 내쉬면서 마무리한다.** 이때 날숨의 길이는 들숨의 두 배가 되도록 한다.

> 나만의 실험실
> ### 심장 모니터링하기
>
> 신체 활동을 하고 난 다음 스마트 워치의 심박수 모니터를 사용하거나 손바닥 바로 아래 손목에 집게손가락과 가운뎃손가락을 올려놓고 맥박을 재보자. 분당 심박수가 몇이나 되는지 확인한다. 이제 앉아서 위의 '성찰하면서 회복하기' 명상을 해본다. 끝난 다음에 다시 심박수를 측정한다.

태극권으로 균형 찾기

최근에 인기를 얻고 있는 태극권은 '새로운 요가'라고 불리기도 한다.
어떤 사람들은 '움직이는 명상'이라고도 한다.

고대 기공(164페이지 참조) 수련법의 일종
으로 여겨지는 태극권은 비교적 최근인 약
400년 전, 중국에서 만들어졌다. 태극권은
자가 치유와 방어 무술이 포함되며, 오늘날
에는 건강상의 이점 때문에 수련하는 사람
이 많다. 그리고 이는 과학으로도 입증이 되
었다. 태극권의 효과에는 스트레스 경감, 통
증 완화(허리 통증, 관절염 등), 수면 개선, 정
신 건강 증진 등이 있다. 체계적으로 부드러
운 움직임을 이어감으로써 저강도 신체 운
동의 효과를 얻을 수 있다. 또한 순서를 외워
야 하므로 인지 기능도 향상되며 평화로운
느낌 또한 받을 수 있다.

손동작 같은
세부 동작은
집중력을 강화한다.

무술 움직임의 흐름은
균형 감각과 평화로운
마음을 향상시킨다.

**태극권에는 자가 치유와
움직임이 통합되어 있다.**

음양의 조화

최근의 연구에 따르면 태극권은 신체의 치유, 균형 감각, 넘어짐 방지와 함께 최적의 운동이다. 이 수련법은 신체적인 균형 감각만 향상하는 것이 아니다. 정신, 감정 등의 조화를 찾는 데도 도움이 된다.

도교 철학에서는 음(부드러움)과 양(강함) 사이에서 조화를 자연스럽게 찾을 수 있다고 한다. 이는 자연과 우리 안에 존재하는 양면성을 상징한다. 태극권은 이런 양면성을 인지해 내면의 힘, 평화, 조화를 함양한다. 어두운 곳에서도 빛이 있고, 반대도 마찬가지라는 점은 우리 안의 양면성이 상호작용하고 있음을 보여준다.

태극권은 정신, 감정 등의 조화를 찾는 데 도움이 된다.

검은색
음
부드러움
어둠
달
밤
여성성
계곡
수동적
보살핌
추움
겨울

흰색
양
강함
빛
태양
낮
남성성
산
적극적
자급자족
더움
여름

우지 자세

우지 자세는 태극권 수련의 시작과 끝에 많이 사용된다. 요가에서 산 자세처럼 말이다. 전설에 따르면 수천 년간의 집중적인 관찰 끝에 이 대표적인 자세가 완벽한 정렬을 이루는 것으로 밝혀졌다고 한다. 이 자세를 취하면 전신에 자유로운 에너지 흐름을 촉진해 깊은 명상 상태를 만들 수 있다고 한다. 언제 어디서든 이 자세를 수련할 수 있지만, 자연에서 수련할 때 가장 조화로움을 느낄 것이다.

에너지 흐름을 위한 우지 자세

반려견을 데리고 공원에 가거나 일몰을 볼 때 이 자세를 수련해본다.

1. 골반 너비 정도로 발을 벌리고 뒤꿈치 쪽으로 체중을 싣는다.

2. 무릎을 살짝 굽히고 꼬리뼈는 아래로 내린다. 괜찮으면 어깨에서도 힘을 푼다.

3. 혓바닥이 입천장에 살짝 닿도록 하고 정수리에 실이 달려서 위로 부드럽게 끌어 올린다고 상상한다.

4. 관절에 느슨하고 널찍한 느낌을 주고 평온한 마음을 불러일으킨다.

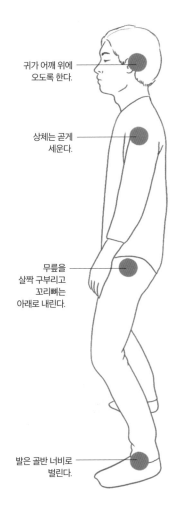

귀가 어깨 위에 오도록 한다.

상체는 곧게 세운다.

무릎을 살짝 구부리고 꼬리뼈는 아래로 내린다.

발은 골반 너비로 벌린다.

우지 자세는 에너지가 흐르는 데 이상적인 정렬을 이룬다고 한다.

기공의 힐링 에너지

**고대 중국 수련법인 기공은
신체 자각 능력과 의식적인 움직임에 관해 많은 것을 알려준다.
진정해야 할 때 기공을 활용하는 방법을 알아보자.**

기공(중국어로 '치공')은 치유 수련법으로, 동적으로 흐름이 있는 움직임과 정지 자세, 리듬감 있는 호흡, 찬팅, 명상이 통합되어 있다. 그리고 우리 안에 흐르는 중요한 생명 에너지인 기의 힘을 활용하도록 만들어졌다.

에너지 흐름 보내기

기공은 중국어로, '생명 에너지의 작동'이라고 번역할 수 있다. 몸 안의 생명 에너지를 움직이면 스스로 치유하는 능력에 힘을 보탤 수 있다. 중국 전통 의학에서는 인간의 몸에 기가 흐르는 통로(경락)가 있으며, 기가 모이는 강력한 부위(단전)가 있다고 본다. 단전 호흡에 활용되는 하단전은 배꼽 바로 아래(오른쪽과 다음 페이지 참조)에 있다.

이 철학에 따르면 기는 경락과 단전을 통해 자유롭게 흐른다. 그리고 기가 정체되면 질병이 발생한다. 기를 느끼려는 시도는 실제로 기를 느끼는지 또는 기를 믿는지와 상관없이 효과를 가져다준다. 의식을 내부의 감각과 진동으로 집중하면서 몸의 내부와 연결되고, 의식적인 움직임, 호흡, 명상 기법을 통해 내적인 상태를 바꿀 능력을 다듬을 수 있게 된다. 마음을 진정해야 할 때 언제 어디서든 수련할 수 있다(다음 페이지 참조).

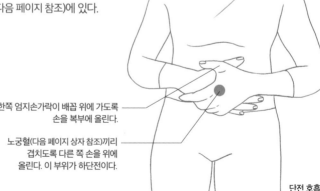

한쪽 엄지손가락이 배꼽 위에 가도록
손을 복부에 올린다.

노궁혈(다음 페이지 상자 참조)끼리
겹치도록 다른 쪽 손을 위에
올린다. 이 부위가 하단전이다.

단전 호흡

노궁혈의 위치

'노궁혈'은 손바닥 지압과 침술에서 주요 부위로, 기공 수련에서 많이 사용된다. 이 혈 자리를 찾으려면 한쪽 손으로 주먹을 쥐어본다. 이때 가운뎃손가락과 약손가락의 가운데가 바로 노궁혈이다. 양손의 노궁혈을 반대 손으로 각각 부드럽게 마사지한다. 노궁혈 지압은 불안감을 낮추고 마음이 부산할 때 조화와 안정감을 되찾아 주는 효과가 있다.

노궁혈은 손바닥 중앙, 주먹을 쥐었을 때 손가락 아래 부분에 있다.

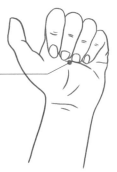

노궁혈은 기공에 사용되는 지압점이다.

기 느끼기

이 명상은 이메일을 확인하는 중이나 진정해야 할 때 언제든지 적용할 수 있다.

1. 먼저 단전 호흡을 준비한다. 한 손의 엄지손가락이 배꼽 위에 오도록 손을 올리고 그 위에 노궁혈끼리 하단전에서 겹치도록 반대손을 올려놓는다.

2. 숨을 마실 때마다 호흡으로 단전이 팽창되는 것을 느낀다.

3. 숨을 내쉴 때마다 폐가 비워지면서 단전이 살짝 안으로 수축하는 것을 느낀다.

4. 몇 분간 반복한다. 어느 순간 불편함이 느껴지면, 이 지침은 잊어버리고 자연스럽게 호흡하도록 한다. 몸이 호흡 방법을 알고 있으니, 그것을 그냥 관찰한다.

5. 아무것도 하지 않는다. 몇 번 호흡하면서 아무것도 하지 않는다. 이는 도교의 무위를 실천하는 것이다. 무위란 '아무것도 하지 않음, 비움, 활동하지 않음, 또는 애쓰지 않는 행동'으로 번역할 수 있다. 무위는 강제하지 않고 편하게 자연의 흐름에 맡기는 상태를 말한다. 잠시 아무것도 하지 않으면서 무엇이 느껴지는지 알아차린다. 당분간 그대로를 유지한다.

몸과 마음을 위한 요가

요가 자세로 역동적으로 몸을 움직이고 스트레칭한 후에
가만히 앉아 명상을 하면 집중하기가 훨씬 쉽다고 느끼는 사람이 많다.
꼭 요가 수업에 가야 하는 것은 아니다.
하루를 시작하면서 또는 점심시간에 잠깐 몇 가지 동작을 하는 것만으로도 효과가 있다.

오늘날, 요가라고 하면 사람들은 요가 수업, 견상 자세, 머리 서기 자세 등을 생각할 것이다. 그러나 신체적인 자세는 유구한 요가 전통의 극히 일부분일 뿐이다. 사실 요가 자세는 앉아서 명상하기 위해 몸과 마음을 준비하는 목적으로 만들어졌다. 그리고 명상이야말로 요가 수련의 핵심이다.

요가는 언제 어디서든 누구나 할 수 있다. 아침, 회의 사이에 쉬는 시간, 하루가 끝날 무렵, 자기 전 이완 스트레칭 루틴 등 언제든 짧게 요가로 휴식할 수 있다. 요가를 수련할 완벽하거나 조용한 장소가 아니어도 된다. 그리고 특별히 수업을 듣거나 장비를 갖추지 않아도 괜찮다. 요가 매트를 펼치거나 특별한 소도구를 살 필요도 없다. 반려견의 목줄이나 벨트가 요가 스트랩 역할을 할 수 있고, 집에 있는 베개나 쿠션을 받침으로 활용할 수도 있다.

거실에서, 반려견이 공원에서 노는 것을 보면서 나무 자세(옆의 그림 참조)를 해본다. 화장실에서 지긋이 목도 늘려본다. 아니면 사무실 의자에 앉아서 간단한 동작을 해도 좋다. 요가의 신체적 효과에는 근력, 유연성, 균형 감각의 강화와 근육통·통증 완화가 있다. 그리고 이런 효과를 배가하기 위해 자세를 수련한 후에 명상하는 것을 잊지 말자. 요가의 명상 효과는 수면 개선부터 스트레스 완화, 에너지 증가 등 다양하다.

1분 명상
책상 요가

책상 의자에 앉아서 척추를 움직이는 요가를 수련해보자. 천천히 뒤로 둥글게 척추를 말았다가 가슴을 앞으로 내밀면서 턱은 살짝 들어 올리고 앉아서 하는 후굴 자세를 취한다. 등을 곧게 세우고 앉아서 양쪽으로 척추를 비틀어준다. 오른쪽으로 구부렸다가 왼쪽으로 구부린다. 마지막으로 조용히 앉아 자유로운 알아차림 속에 머무른다. 몇 분 동안 그대로 있는다.

명상으로 향하는 길

요가에서는 '여덟 가지 단계'라고 부르는 체계를 통해 매일 목적 있는 일상생활을 살아가는 실용적인 지침을 제시한다. 이는 명상 수련을 강조하는 여정으로도 볼 수 있다. 각 단계에서는 삶에서 지켜야 할 기본적인 윤리 원칙을 다루며, 자기 조절, 신체적인 자세, 호흡법으로 명상하기 전 몸을 준비하는 방법도 이야기한다. 또한 다양한 깊이의 명상 수련법도 설명한다.

1 야마
자기 통제 능력을 기르는 윤리적 지침

2 니야마
자기 조절 능력을 기르기는 윤리적 지침

3 아사나
명상을 준비하는 신체적 자세

4 프라나야마
신경계를 준비하는 호흡법

5 프라티야하라
감각을 조절해 내부로 의식을 집중

6 다라나
한 점에 집중하는 명상

7 디야나
명상이 지속되는 심오한 상태

8 사마디
고통에서 해방된 가장 높은 상태

요가의 여덟 단계
전통적인 요가 수련의 기본이 되는 단계를 말한다. 이를 함께 실천하면 몸과 마음을 총체적으로 수련할 수 있다.

요가 수업에서의 명상

현대의 요가 수업과 요가 훈련 프로그램 대부분에서, 주로 신체적인 자세에 집중하고 명상에는 소홀한 편이다. 그렇지만 각자 수련하는 요가에 명상을 접목할 수 있다. 요가 수업이나 집에서 요가할 때 요가하는 시간을 최대한으로 활용할 수 있도록 명상을 접목하는 방법을 살펴보자.

1. 현재 순간에 이를 수 있도록 중심을 잡는다. 수련을 시작할 때 몸과 마음의 상태를 알아차리면서 확인한다. 1~2분 동안 조용하게 가만히 있기가 쉬운가, 어려운가?

2. 의도를 정한다. 요가하는 시간에 느끼거나 함양하고 싶은 것이 무엇인가? 더 침착해지고 싶은가? 분주한 마음을 가라앉히고 싶은가? 몸을 이완하고 싶은가? 일하던 중에 휴식을 취하려고 하는가?

3. 의식적으로 움직인다. 자세(아사나)를 하면서 몸의 각 부위가 어디에 있는지 알아차린다. 몸을 움직이며 자세를 전환할 때 현재에 머무르는 것을 의식한다.

4. 수련 중, 특히 마지막에 호흡을 의식한다 (호흡 수련). 호흡을 참고 있는가? 긴장을 느끼는가? 요가 수련 중에 호흡이 더 편안해지거나 깊어졌는지 알아차린다. 벌 소리 호흡(113페이지)과 교호 호흡(68페이지)처럼 이 책에 소개된 호흡법을 연습해도 좋다.

5. 명상으로 수련을 마무리한다. 요가 수련의 마지막에 고요하게 명상하는 시간을 갖는다. 의식적으로 몸을 움직이고 나서 다음 일정이나 책상으로 빨리 돌아가고 싶은 마음을 참는다. 움직이지 않고 앉아 있는 것이 더 쉬워졌는지 살펴본다. 편하게 느껴지지 않는다면, 누워서 다음 페이지의 요가 니드라를 해본다.

수련하기 전에

오늘의 의도를 정한다. 수련하는 이유는 무엇인가? 현재 시제로 긍정적인 목표를 다음 예시처럼 간단하게 정한다.

- 이 시간에 휴식하고 회복할 것이다.
- 이완과 치유의 에너지를 불러일으킬 것이다.
- 내 몸의 지혜에 귀를 기울일 것이다.

깊은 휴식을 위한 요가

요가 니드라는 초심자와 오랜 기간 명상을 수련한 사람들 모두 좋아하는 수련으로, 깊은 이완 효과가 있다. 니드라는 '잠'을 의미한다. 누워서 잠이 들어 의식이 없는 것처럼 보이지만, 사실 의식은 높은 수준으로 깨어서 기능하고 있다.

이런 상태에서 몸은 자연적인 리듬과 내적인 균형을 회복한다. 또한 보통 수면 중에만 나타나는 뇌의 델타파가 나오는 상태가 될 수 있다.

연구에 따르면 요가 니드라는 통증, 불면증, 호르몬 불균형, 트라우마, 우울증, 불안 등 많은 문제를 겪는 사람들에게 도움이 된다고 한다. 그리고 도파민을 65퍼센트 증가시켜 기분이 좋아지고 통증을 조절할 수 있음이 입증되었다.

요가 니드라 하는 방법

20~30분 동안 하는 수련으로 요가 니드라의 효과를 느껴보자. 지금 아래의 단계를 읽고 상기하며 수련할 수 있다. 그렇지만 친구가 읽어 주는 지침을 듣거나 'www.meditionfortherealworld.com/nidra'에 있는 무료 음성을 들으며 하는 것이 가장 좋다.

1. **최대한 편안하도록 준비한다.** 침대, 소파 또는 리클라이너 의자에 등을 기대고 누울 수 있다. 필요하면 쿠션과 안대도 사용한다. 잠을 자는 것 같은 상태에서는 체온이 떨어지기 때문에 담요도 준비한다.

2. **자리를 잡는다.** 주변의 소리부터 피부로 느껴지는 기온까지 주변에서 일어나는 일을 모두 받아들인다. 자신의 모든 부위도 받아들인다.

3. **더 깊은 요구나 목표를 정한다**(상칼파라고도 함). 개인적인 것 혹은 간단하게 '나는 평온하다'와 같은 것도 좋다.

4. **오늘 수련의 의도를 세 번 반복한다**(또는 간단하게 '이 시간에 휴식하고 회복할 것이다'). 내 직관을 따르고, 선택한 목표가 오늘 나에게 필요함을 믿는다.

5. **편안함을 느끼는 장소를 시각화한다.** 집, 바닷가, 좋아하는 방 등 어디든 좋다. 상상력을 동원해 이런 내적인 오아시스에서 무엇이 느껴지는지 알아차린다. 필요하면 언제든지

갈 수 있는 마음속의 피난처가 있음을 인지한다.

6. 보디 스캔을 한다. 머리부터 발끝까지 신체 각 부위에 몇 초 동안 의식을 집중한다. 정수리에서 시작해 얼굴, 목, 어깨 그리고 발끝까지 전신의 감각을 느낀다. 몸 뒷면에 의식을 집중했다가 앞면에 집중한다. 몸의 외부에 집중했다가 내부에 집중한다. 전신을 한꺼번에 느낀다. 특히 의식이 집중되는 곳이 있는가?

7. 호흡을 느낀다. 호흡할 때 삼차원적으로 움직이는 몸을 느낀다. 필요하면 사랑이 더 필요한 부위에 호흡으로 치유 에너지를 보낸다고 상상한다.

8. 20부터 거꾸로 호흡을 센다. 숨을 마시고 내쉬고, 이것이 20이다. 다시 마시고 내쉬면 19다. 이렇게 1까지 숫자를 세고, 중간에 숫자를 까먹었다면 다시 20부터 시작한다.

9. 이 상태를 관찰한다. 자연스럽게 떠오르는 생각, 감정, 좋거나 싫음을 알아차린다. 이는 자연스러운 과정이므로 그냥 알아차린다.

10. 반대로 생각해본다. 강한 느낌(통증, 흥분, 추위, 뻣뻣함 등)이 있다면 몸에서 어떻게 느껴지는지 알아차린다. 어느 부위에서 느껴지는가? 이 느낌의 반대는 무엇인가? 반대되는 상태를 표현하는 단어(편안함 또는 따뜻함)를 선택해도 좋다. 몸의 어느 부위에서 이것이 느껴지는가? 이 반대의 느낌을 불러일으키니 어떤 느낌이 드는가? 상반된 감각을 오가는 것을 상상한다. 그리고 두 감각을 동시에 불러일으킨다. 여기에 옳거나 잘못된 방법은 없다. 그냥 마음 가는 대로 한다.

11. 모든 노력을 멈춘다. 마음이 넓게 확장되는 느낌을 받는 상태에 머무른다.

12. 깨어난다. 내 숨소리를 듣고, 다음에는 주변의 소리를 듣는다. 주변 환경을 더 의식한다. 천천히 몸을 움직이면서 깨어 있을 때의 삶으로 돌아온다. 수련을 시작할 때 정했던 의도를 떠올리고 이 의도를 남은 하루 동안 계속 의식한다.

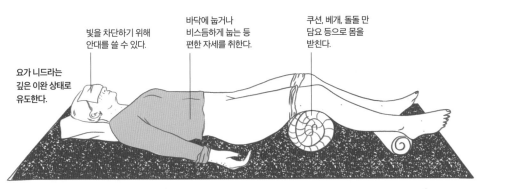

빛을 차단하기 위해 안대를 쓸 수 있다.

바닥에 눕거나 비스듬하게 눕는 등 편한 자세를 취한다.

쿠션, 베개, 돌돌 만 담요 등으로 몸을 받친다.

요가 니드라는 깊은 이완 상태로 유도한다.

춤과 자유로움

아무도 보지 않을 때 주방에서 춤을 추는 것만큼 자유롭게 느껴지는 때도 없다.
보통 음악에 맞추어 추는 춤은 고요하게 정지한 상태로 수련하는 명상과는 정반대로 보인다.
그렇지만 춤과 명상은 사실 궁합이 잘 맞는다.

가끔은 가만히 앉아 명상을 하는 것이 불안하게 느껴질 때가 있다. 명상보다는 움직이거나 춤을 추고 싶어질 수도 있다. 우리는 음악이 편안한 명상 상태로 가는 데 도움이 된다는 점을 안다. 그리고 음악과 움직임이 함께하면 기분이 더 좋아지기도 한다.

오랜 세월 많은 문화권에서 축제와 의식에서 명상 상태를 만들기 위해 춤을 활용했다. 춤이 효과적인 이유는 자기표현과 놀이 요소를 갖추었기 때문이다. 또한 정신 건강, 인지 기능, 균형 감각을 개선하기 위해 치료에도 많이 활용된다.

춤과 명상의 관계
춤은 근감각적 공감이라는 현상을 불러일으킨다. 근육의 감각에 민감해지는 것은 신체 부위의 자각과 신체 움직임의 감각적인 인지와 연관된다. 짝을 지어서 또는 집단으로 춤을 함께 추면 서로의 리듬이 동기화되어 우리를 연결한다. 심지어 박자에 맞추어 같이 치는 박수도 사회적 유대감을 만드는 일

종의 춤이다. 춤을 출 파트너와 눈을 맞추거나 손을 잡으며 연결되는 순간에 "이들과 현재에 완전히 머무르겠다"라고 다짐하며 그 사람과 현재에 있겠다는 의도를 정해보자.

완벽한 노래에 맞추어 추는 훌륭한 춤은 그 순간에 완전히 몰입하는 상태를 유도한다. 다른 사람이 춤추는 모습만 봐도 거울 신경이 활성화되어 근감각적 공감이 작동하고 감정이 일어난다.

몸의 반응
춤은 지각 능력을 향상한다. 외부 감각은 외부 환경을 지각하는 감각이다. 음악 소리, 공간을 둘러볼 때 동원되는 시각, 지면을 딛는 발바닥의 느낌과 다른 댄서와 스치거나 안기는 느낌 등이 해당한다. 또한 우리 몸은 내부 감각(142페이지 참조)을 통해 처리하는 내용을 내부 메시지로 끊임없이 내보낸다. 음악의 템포가 빨라지면 심장이 빨리 뛰는 것처럼 말이다.

외부 감각과 내부 감각으로 입력된 내용은 '신경지'라고 부르는 직관적인 감각에 정보를 제공한다. 신경지는 무의식적으로 주변 환경의 안전과 위협을 탐지하는 역할을 한다. 춤을 출 때 안전한 감각을 찾는 것은 중요하다. 부상, 통증 또는 트라우마 기폭제(60페이지 참조)를 예방할 수 있기 때문이다. 다른 사람과 춤을 출 때 경계를 건강하게 설정하면, 다른 사람들과 유대감을 쌓으면서도 우리의 요구를 존중할 수 있다. 안전하다는 느낌이 들지 않으면 '괜찮습니다'라고 말하거나 춤을 멈추어도 괜찮다. "나는 나와 다른 이들의 경계를 존중한다"라고 다짐하자.

즉흥성과 유쾌함

놀이는 아이들만의 전유물이 아니다. 놀이의 즉흥적인 성질은 현재에 머무르는 감각을 가져다준다(그리고 그 감각이 유쾌함을 불러오기도 한다). 파트너와 함께 탱고를 추든, 자유롭게 황홀경에 빠져 춤을 추든, 거실에서 혼자 막춤을 추든, 춤이 주는 유쾌함을 받아들인다.

유쾌한 마음은 미주 신경에 영향을 준다. 복측 미주 신경(사회적 관계 지원)과 교감 신경계(에너지를 주는 역할)가 혼합되는 것이다. 이런 화학적 칵테일은 약간의 스트레스 호르몬과 '기분을 좋게 만드는' 호르몬을 섞는다. 그래서 유대감을 느끼면서도 긴장 상태가 된다. 이런 상태는 감정을 처리하고 배우며 내적인 성장을 할 수 있는 바탕이 된다.

훌륭한 춤은
그 순간에 완전히 몰입하는 상태를
유도한다.

간단한 춤 명상

내가 끌리는 음악을 선택한다. 느리고 차분한 음악인가, 밝고 활기찬 음악인가? 즐겁게 몸을 움직일 수 있도록 여유 공간을 충분히 확보한다.

1. **몸에 귀 기울이고 한계를 존중하겠다는 의도를 정한다.** "나는 현재에 있으며 경청한다"라고 다짐한다.
2. **천천히 몇 번 호흡하고, 의식을 몸에 집중한다.** 지금 몸에서 어떤 신호를 보내고 있는가? 스트레스, 행복감, 편안함이 느껴지는가?
3. **의식이 자연스레 집중되는 부위를 알아차린다.** 깊게 호흡하면서 음악에 따라 의식적으로 몸을 움직이기 시작한다. 움직임이 필요하다고 느껴지는 곳부터 움직인다.
4. 주변을 살피고 소리를 들으며 **내가 있는 공간에서 위치를 인지한다.**
5. **춤을 추기 시작한다.** 자유롭게 움직이면서 기분 좋게 몸이 공간을 채우도록 한다. 한 곡 또는 그 이상 원하는 만큼 춤춘다. 끝나면 어떤 느낌인지 알아차린다.

춤추는 모습 보기

직접 춤을 추기보다는 전문 댄서의 춤을 보는 것을 더 좋아할 수도 있다. 이 또한 명상하는 느낌을 준다. 다음에 춤 공연을 보러 갈 때, 아래의 지침과 함께 명상에 몰입해보자.

1. **등을 곧게 세우고 앉거나 서서 내 몸의 자세를 인지한다.**
2. **음악에 주의를 집중하거나 현재 들리는 소리를 듣는다.**
3. **공감을 하며 바라본다.** 내가 실제로 움직이지 않더라도 댄서들과 함께 물 흐르듯이 움직이는 내 모습을 상상해도 좋다.
4. **호흡이 어떻게 변하는지 관찰한다.**
5. **신체적인 느낌에 따라 오가는 감정을 알아차린다.**
6. **주의가 산만해지면 어디로 의식이 가는지 알아차리고,** 전체 경험을 받아들인다는 폭넓은 인식으로 되돌아온다.

명상으로서의 예술

색칠, 그림 그리기, 뜨개질, 공예품 만들기, 피아노 연주, 시 쓰기 등을 좋아한다면 여러분은 예술가다. 창의력을 발휘하는 활동을 하면 이완되는 느낌을 받고 몰입할 수 있음을 이미 알고 있을지도 모르겠다. 이제부터는 어떻게, 왜 이런 효과가 생기는지 알아보자.

인간은 예술을 하도록 타고났다. 존스 홉킨스 대학은 다양한 학문 분야의 저명한 과학자, 예술가와 신경 미학('신경 예술'이라고도 함) 부문에서 협업했다. 그리고 예술이 뇌와 몸을 변화시킨다는 것을 증명하는 수많은 증거를 모았다. 예를 들면, 아동기의 예술은 사회적·감정적·인지적 관점에서 배움을 풍부하게 하고 뇌의 발달을 돕는 것으로 나타났다. 행위예술과 음악은 관점을 확장해 공감하는 마음을 키워준다.

음악은 인간이 살아가는 동안 면역력과 심장을 강화하고 정신 건강을 증진하는 것으로 나타났다. 치매 환자의 경우, 노래하고 음악을 감상하면 기억력, 인지 기능, 기분이 상당한 수준으로 나아졌다. 즉, 모든 형태의 예술은 남녀노소를 막론하고 삶의 질을 높이는 데 도움이 된다.

자기가 창의적이거나 예술적인 사람이 아니라고 생각하는가? 표현의 방식은 다양하다. 요리일 수도 있고, 정원 가꾸기일 수도 있으며, 인테리어 디자인, DIY 작업 또는 내가 좋아하는 활동일 수 있다. 연구에 따르면 숙련도와 상관없이 45분간 예술 활동을 한 결과 스트레스 호르몬인 코르티솔이 낮아졌다. 즉, '형편없다'라고 생각할 만한 것을 만들어도 건강에는 좋다는 말이다! 게다가 마음챙김으로 예술에 더 감사하고 예술적인 사고방식으로 일상생활에 접근할 수 있다.

웰빙을 위한 예술

미술관에서 시간을 보내면 정신 건강에 긍정적인 효과가 있는 것으로 나타났다. 또한 자기 자신을 이해하는 '의식의 거울'이 될 수 있다. 예일, 컬럼비아, 하버드 의대에서는 수련의 교육 과정에 미술관 방문을 포함하고 있다. 이는 학생들의 공감적 소통, 마음챙김, 자기 돌봄을 증진하기 위함이다.

눈으로 보는 예술

미술관이나 조각 공원에 가면 예술 작품을 집중 대상으로 삼고 이 명상법을 시도해보자. 또한 집에서 좋아하는 예술 작품(자녀나 자기가 만든 것, 또는 아무거나 좋아하는 것)으로 해도 괜찮다. 미술관에 있다면, 내 생각의 방향을 정해버리는 명패의 내용을 읽으려는 마음에 저항하고 스스로 느낀 점과 함께 머무른다.

1. 처음에 드는 생각을 알아차린다. 해당 작품이 훌륭하다거나 형편없다고 규정하려는 경향 등을 살핀다. 호기심 가득한 열린 마음으로 접근할 수 있는지 본다.
2. 다른 각도에서 바라본다. 멀리서 보고, 가까이에서 디테일을 살펴본다. 그리고 다시 멀리 떨어져서 전체적으로 본다.
3. 몸의 감각과 본능적인 반응을 알아차린다.
4. 자연스러운 호흡을 알아차린다. 어떤 예술 작품은 그야말로 숨을 멎게 할 수 있다. 천천히 호흡을 조절해 더 크게 인식할 수 있도록 한다.

판단하지 않고 창작하기

다른 사람의 경탄이 없어도 창작의 효과를 누릴 수 있다. 학교 때 이후로 그리기나 만들기를 해본 적이 없다고 해도 괜찮다. 색칠하기, 낙서하기, 아트북, 공예 키트 등 원하는 활동을 시작하면 된다. 자신에게 그 활동을 시도하고 몰입할 시간을 충분히 주는 것이 중요하다. '훌륭'해야 한다는 생각은 버린다. 아이와 같은 마음으로 그 활동을 하는 것이 목적이다.

집착하지 않고 창작하기

예로부터 티베트 승려들은 명상 활동으로 정교한 모래 예술인 만다라를 만들었다. 만든 지 며칠이나 몇 주가 지나면 그 만다라를 지워 버린다. 의식 절차에 따라 모래를 자연으로 흩어 버리고, 모든 물질적 존재의 유한함을 받아들인다. 우리도 집착하는 마음 없이 창작하는 것으로 현재의 순간을 받아들일 수 있다. 레고를 활용하거나 모래성을 짓거나 자투리 종이에 낙서할 수도 있다. 또는 기타를 퉁기거나 막춤(174페이지 참조)을 출 수도 있다. 이런 경험은 명상하는 듯한 느낌을 주며, 집중력을 높여준다.

명상 글쓰기

힘들 때 자기 생각과 느낌을 기록하는 것이나 일종의 창의적 글쓰기에 해당하는 표현적 글쓰기는, 스트레스에 대처하는 데 도움이 된다. 감사하는 마음을 기록하는 것 같은 구체적인 기법도 만족감을 높이고 우울증과 불안을 예방하는 역할을 한다. 삶에 어려움이 닥쳤을 때 87페이지 나온 감사 명상을 수련하고, 여기서 설명하는 명상 글쓰기로 자신을 표현해보자.

연구에 따르면 정보를 귀로 들으면서 아무렇게나 낙서하는 행동은 기억력을 29퍼센트 향상시킬 수 있다고 한다.

마음으로 쓰는 글

펜을 들고 종이에 마음이 가는 대로 무언가를 쓰는 행위는 치유 효과가 강력하다. 마음에 들고 잘 나오는 펜을 선택한다. 일기장이나 아무 종이 위에 적어본다.

1. **타이머를 3분에 맞춘다.** 등을 곧게 세우고 앉아서 좋아하는 색의 밝은 빛이 내 몸 중앙에서부터 퍼져나간다고 상상한다. 몇 번 호흡하면서 그 빛이 몸을 가득 채운다고 상상한다. 그리고 몸을 넘어 방 안, 건물 또는 내가 있는 곳을 가득 채운다고 상상한다. 그리고 빛이 도시, 국가, 지구 전체 등 내가 상상할 수 있는 만큼 멀리 퍼진다고 생각한다. 타이머의 알람이 울릴 때까지 눈을 감고 점점 퍼져나가는 빛을 상상한다.

2. **타이머를 다시 3분에 맞춘다.** 펜을 들고 쓰기 시작한다. 단어가 잘 떠오르지 않으면 펜을 종이 위에 대고 쓸 단어나 그릴 그림이 생각날 때까지 낙서한다. 어떤 모양이든 상관없다. 형편없는 아이디어란 없다.

3. **1단계와 2단계를 번갈아 가며 반복한다.** 충분하다고 느껴지거나 글쓰기, 그림 그리기, 창작에 관한 영감을 얻었다고 생각할 때까지 한다.

4. **다 끝나면 종이를 보관해도 좋다.** 또는 만물의 덧없음을 상기하며 찢어 버린다. 창작하는 행위 그 자체에 효과가 있는 것이다. 모든 것을 보관할 필요는 없다.

용어 사전

가로막(Diaphragm, 횡격막) - 가슴안과 배안을 구분하는 호흡기 근육이다.

가로막 호흡(Diaphragmatic breathing, 복식 호흡) - 호흡할 때마다 가로막이 리듬감 있게 움직이며 복부까지 움직이는 것을 말한다.

교감 신경계(Sympathetic nervous system) - 스트레스에 대응하는 신경계다. 보통 '투쟁, 도피 또는 얼어붙는 것'으로도 부른다.

그라운딩(Grounding) - 연구자들은 '접지'라고 한다. 대지(흙, 모래, 바위, 나무 등)와 물리적으로 접촉하는 것을 말한다. 생리학적인 효과가 있다.

기(Qi) - 중국에서 중요한 생명 에너지('프라나'와 유사)를 부르는 용어다.

기폭제(Trigger) - 감정 또는 신체적으로 격한 반응을 일으키는 요인을 설명하는 용어다. 스트레스나 수면 부족 등이 트라우마, 통증, 만성 질병의 증상을 유발할 수 있다.

내부 감각(Interoception) - 심박수, 소화, 혈액의 펌프질 등 몸 안의 신호를 감지하는 과정이다.

뉴런(Neuron) - 신경 세포로, 전도성이 있는 조직이며 몸에서 전기 신호를 보낸다.

림프(Lymph) - 전신을 순환하며 노폐물을 걸러내는 림프계에 있는 액체를 말한다.

마음챙김 명상(Mindfulness meditation) - 주로 앉아서 하는 수련으로 현재에 머무른다.

만트라(Mantra) - 명상에서 반복하는 단어나 소리를 말한다.

명상(Meditation) - 주의와 의식을 현재의 순간에 편안하게 집중하는 수련을 말한다. 이를 통해 명확성과 감정적 안정을 높일 수 있다.

명상적(Meditative) - 이완되는 느낌을 주거나 명상하는 것 같은 상태를 말한다.

몰입 상태(Flow state) - 어떤 활동에 완전히 빠져 있는 마음 상태를 말한다.

미주 신경(Vagus nerve) - 열 번째 뇌신경이다. 중요한 내장 기관 대부분에 뻗어 있는 복잡한 신경이며, 부교감 신경 반응에 관여한다. 스티븐 포지스가 제시한 다미주 신경 이론에서는 배측(움직임 정지와 기능 중단에 관여)과 복측으로 나눈다.

미주 신경 긴장도(Vagal tone) - 미주 신경의 활동. 미주 신경 긴장도가 높으면 보통 심박수가 낮아지고, 심박 변이도가 높아진다.

바이노럴 비트(Binaural beat) - 서로 약간 다른 두 소리를 각각의 귀로 따로 들을 때 발생하는 소리 현상이다. 뇌는 이 두 소리를 하나의 공명하는 소리로 해석한다. 이 진동 또는 비트의 주파수는 두 소리의 주파수 간 차이를 헤르츠(Hz)로 계산한 것과 같다.

복측 미주 신경(Ventral vagus) - 더 구체적으로는 복측 미주 복합체 또는 회로라고 한다. 다미주 신경 이론에서 미주 신경의 가지로 설명한다. 안정감과 사회적 유대감을 뒷받침한다.

부교감 신경계(Parasympathetic nervous system) - 휴식과 회복에 관여하는 신경계로, 보통 '휴식과 소화'라고 한다.

소리 주파수(Sound frequency) - 음파가 얼마나 빠르게 진동하는지를 헤르츠(Hz)로 측정한 것이다. 헤르츠는 초당 기간(주기)의 횟수를 나타낸다.

신경 전달 물질(Neurotransmitter) - 신경 세포 간의 소통을 돕는 화학 전달 물질이다.

심박 변이도(Heart rate variability) - 심박수 간의 시간이 얼마나 변하는지를 측정한다. 심박 변이도가 높으면 회복탄력성이 좋다는 의미이며, 보통 젊은 사람, 건강한 사람, 운동선수의 수치가 높게 나온다.

아사나(Asana) - 명상 수련을 위해 몸과 마음을 준비하기 위한 요가의 신체적 자세다.

요가(Yoga) - 인도에서 유래한 체계적인 삶의 방식이다. 여기에는 명상, 신체적 자세, 호흡 수련, 철학 등이 포함된다.

음파(Sound wave) - 공기가 앞뒤로 진동하게 만드는 주기적인 신호를 말한다.

의식(Awareness) - 더 큰 의미의 관찰을 말한다. 명상에서 의식적으로 주변의 많은 자극(생각, 감정, 소리 등)을 '열린 의식' 또는 '열린 모니터링' 상태로 받아들이라고 지시를 받을 수 있다.

의식적(Mindful) - 무슨 일을 하든 현재에 머무는 것을 말한다. 의식적으로 먹기, 의식적으로 움직이기, 의식적으로 청소하기 등이 있다.

이완 반응(Relaxation response) - 허버트 벤슨이 만든 용어로, '스트레스 반응'과 반대되는 말이다. 이완 반응에는 심박수와 혈압 저하, 진정 효과 등이 있다.

인슐린 감수성(Insulin sensitivity) - 세포가 인슐린에 얼마나 민감한지를 의미한다. 민감할수록 좋은 것이다. 인슐린 감수성을 높이면 인슐린 저항성과 당뇨를 비롯한 많은 질병의 위험을 낮추는 데 도움이 된다.

접지(Earthing) - 그라운딩 참조

주의(Attention) - 더 집중해서 계속 관찰하는 방식이다. 보통 명상에서는 호흡이나 감각 등 특정한 하나의 대상에 주의를 집중한다.

지압점(Acupressure point) - 중국 의학에서는 몸의 에너지가 모이는 곳이라고 보며, 누르거나 마사지하면 치유 효과가 있다고 한다.

파국화(Catastrophize) - 실제 또는 상상 속 일로 마음이 최악의 상황을 가정하는 것을 말한다.

편도체(Amygdala) - 두려움의 중추로, 뇌의 감정 시스템에 포함된다.

폭발(Flare) - 통증이나 질병 증상이 격화할 때를 말한다. 보통 스트레스나 기타 유발 요인으로 촉발된다.

프라나(Prana) - 요가에서 중요한 생명 에너지('기'와 유사)를 부르는 용어다.

프라나야마(Pranayama) - 명상을 위한 몸과 마음을 준비하거나 구체적인 상태(차분함 또는 에너지가 충만함)를 달성하기 위해 요가에서 활용하는 호흡 수련이다.

호흡 요법(Breathwork) - 특정한 효과를 유도하기 위한 호흡 기법이다.

EEG - 뇌의 활동을 기록하는 뇌파도(electroencephalogram)를 말한다.

참고문헌

최신 연구 지침과 관련 링크는 다음을 참조한다. www.meditationfortherealworld.com/research

Chapter 1

16-17 T. Sparby, "Defining meditation: Foundations for an activity-based phenomenological classification system", Frontiers in Psychology, 12 (2022).

19 T. Whitfield, et al., "The effect of mindfulness-based programs on cognitive function in adults: A systematic review and meta-analysis", Neuropsychology Review, 32(3), (2022), 667–702; J. Wielgosz, et al., "Mindfulness meditation and psychopathology", Annual Review Clinical Psychology, 15, (2019), 285–316; 건강한 심장에 관해서는 111~113페이지 인용 참조. 퍼포먼스는 159페이지, 창의력은 92페이지 참조.

20-21 B. Fredborg, et al., "Mindfulness and autonomous sensory meridian response [ASMR]", PeerJ, 6 (2018), e5414; P. Lush, et al., "Metacognition of intentions in mindfulness and hypnosis", Neuroscience of Consciousness, 2016(1), (2016); A. Newberg, brain scans found here: www.andrewnewberg.com/research; S. Pandi-Perumal, et al., "The origin and clinical relevance of yoga nidra", Sleep and Vigilance, 6(1), (2022), 61–84; G. Penazzi, et al., "Direct comparisons between hypnosis and meditation: A mini-review", Frontiers in Psychology, 13 (2022), 958185; R. Semmens-Wheeler, et al., "The contrasting role of higher order awareness in hypnosis and meditation", Journal of Mind-Body Regulation, 2 (2012); I. Wickramasekera, et al., "Hypnotic-like aspects of the Tibetan tradition of dzogchen meditation", International Journal of Clinical and Experimental Hypnosis, 68(2), (2020), 200–213.

22-23 Arianna Huffington: www.highexistence.com/arianna-huffington-interview; Elizabeth Gilbert: www.thecut.com/2019/05/elizabeth-gilbert-city-of-girls.html; Marie Forleo: www.youtube comwatch?v

=PM19QxpA7K4&feature=youtu.be; T. Ferriss, Tools of Titans: The Tactics, Routines, and Habits of Billionaires, Icons, and World-class Performers (Vermilion, 2016).

24 A. Lam, et al., "Effects of five-minute mindfulness meditation on mental health care professionals", Journal of Psychology and Clinical Psychiatry, 2(3), (2015).

28-29 Habit pairing, called habit stacking by James Clear, or habit anchoring by Stanford researcher B.J. Fogg, PhD. James Clear quote from: https://jamesclear.com/new-habit.

30-31 O. Perl, et al., "Human non-olfactory cognition phase-locked with inhalation", Nature Human Behavior, 3 (2019), 501–512; M. Russo, et al., "The physiological effects of slow breathing in the healthy human", Breathe, 13(4), (2017), 298–309; P. Steffen, et al., "Integrating breathing techniques in psychotherapy to improve HRV: Which approach is best?" Frontiers in Psychology, 12 (2021), 624254; P. Steffen, et al., "How to breathe to improve HRV: Low and slow breathing improves HRV more than deep breathing except when using a pacer", (2022). Not yet published – available online; G. Yadav, et al., "Deep breathing practice facilitates retention of newly learned motor skills", Scientific Reports, 6 (2016), 37069; A. Zaccaro, et al., "How breath-control can change your life: A systematic review on psycho-physiological correlates of slow breathing", Frontiers in Human Neuroscience, 2(353), (2018).

33 S. Lazar, et al., "Meditation experience is associated with increased cortical thickness", Neuroreport, 16(17), (2005), 1893–1897.

34-35 S. Hashizume, et al., "Mindfulness intervention improves cognitive function in older adults by enhancing the level of miRNA-29c in neuron-derived extracellular vesicles", Scientific Reports, 11(1), (2021), 21848; B. Hölzel,

et al., "Mindfulness practice leads to increases in regional brain gray matter density", Psychiatry Research, 191(1), (2011), 36–43; K. Fox, et al., "Is meditation associated with altered brain structure? A systematic review and meta-analysis of morphometric neuroimaging in meditation practitioners", Neuroscience and Biobehavioral Reviews, 43 (2014), 48–73; S. Sikkes, et al., "Toward a theory-based specification of non-pharmacological treatments in aging and dementia: Focused reviews and methodological recommendations", Alzheimer's & Dementia, 17(2), (2021), 255–270.

36-37 R. Chaix, et al., "Epigenetic clock analysis in long-term meditators", Psychoneuroendocrinology, 85 (2017), 210–214; Q. Conklin, et al. "Meditation, stress processes, and telomere biology", Current Opinion in Psychology, 28 (2019), 92–101; E. Epel, et al., "Can meditation slow rate of cellular aging? Cognitive stress, mindfulness, and telomeres", Annals of the New York Academy of Sciences, 1172 (2009), 34–53; E. Epel, et al., "Wandering minds and aging cells", Clinical Psychological Science, 1(1), (2013), 75–83; K. Le Nguyen, et al., "Loving-kindness meditation slows biological aging in novices: Evidence from a 12-week randomized controlled trial", Psychoneuroendocrinology, 108 (2019), 20–27; J. Lin, et al., "Stress and telomere shortening: Insights from cellular mechanisms", Ageing Research Reviews, 73 (2022), 101507; M. Mosing, et al., "Genetic influences on life span and its relationship to personality: A 16-year follow-up study of a sample of aging twins", Psychosomatic Medicine, 74(1), (2012), 16–22; G. Passarino, et al., "Human longevity: Genetics or lifestyle? It takes two to tango", Immunity & Ageing, 13(12), (2016); E. Soriano-Ayala, et al., "Promoting a healthy lifestyle through mindfulness in university students: a randomized controlled trial", Nutrients, 12(8), (2020), 2450.

40 P. Abhang, et al., Chapter 2:

Technological Basics of EEG Recording and Operation of Apparatus, Introduction to EEG- and Speech-Based Emotion Recognition (Academic Press, 2016); C. Braboszcz, "Increased gamma brainwave amplitude compared to control in three different meditation traditions", PLoS One, 12(1), (2017), e0170647; M. Kaushik, "Role of yoga and meditation as complimentary therapeutic regime for stress-related neuropsychiatric disorders: Utilization of brain waves activity as novel tool", Journal of Evidence-Based Integrative Medicine, 25 (2020).

41 P. Gomutbutra, "The effect of mindfulness-based intervention on brain-derived neurotrophic factor (BDNF): A systematic review and meta-analysis of controlled trials", Frontiers in Psychology, 11(2209), (2020); For research on all the neurochemicals, www.meditationfortherealworld.com/research.

42-43 R. Afonso, et al., "Neural correlates of meditation: A review of structural and functional MRI studies", Frontiers in Bioscience, 12(1), (2020), 92–115; Y-Y. Tang, et al., "The neuroscience of mindfulness meditation", Nature Reviews, Neuroscience, 16(4), (2015), 213–225.

44-45 J. Brewer, et al., "Meditation experience is associated with differences in default mode network activity and connectivity", 108(50), (2011), 20254–9; S. Feruglio, et al., "The impact of mindfulness meditation on the wandering mind: A systematic review", Neuroscience and Biobehavioral Reviews, 131 (2021), 313–330; H. Jazaieri, et al., "A wandering mind is a less caring mind", Journal of Positive Psychology, 11(1), (2015), 37–50; M. Killingsworth, et al., "A wandering mind is an unhappy mind", Science, 330(6006), (2010), 932; M. Raichle, et al., "Appraising the brain's energy budget", Proceedings of the National Academy of Sciences of the United States of America, 99(16), (2002); A. Yamaoka, et al., "Mind wandering in creative problem-solving: Relationships with divergent thinking and mental health", PLoS One, 15(4), (2020), e0231946.

46-47 D. Campos, et al., "Meditation and happiness: Mindfulness and self-compassion may mediate the meditation–happiness relationship", Personality and Individual Differences, 93 (2016); E. Epel, et al., "Wandering minds and aging cells", Clinical Psychological Science, 1(1), (2013), 75–83; T. Brandmeyer, et al., "Meditation and the wandering mind: A theoretical framework of underlying neurocognitive mechanisms", Perspectives on Psychological Science, 16(1), (2021), 39-66.

Chapter 2

50 R. Gerritsen, et al., "Breath of life: The respiratory vagal stimulation model of contemplative activity", Frontiers in Human Neuroscience, 12(397), (2018); M. Soos and D. McComb, "Sinus arrhythmia", StatPearls Publishing (2022). 55 A. van der Velden, et al., "Mindfulness training changes brain dynamics during depressive rumination: A randomized controlled trial", Biological Psychiatry, 93(3), (2023), 233–242; Y. Álvarez-Pérez, et al., "Effectiveness of mantra-based meditation on mental health: A systematic review and meta-analysis", International Journal of Environmental Research and Public Health, 19(6), (2022), 3380.

58-59 H. Haller, et al., "A systematic review and meta-analysis of acceptance- and mindfulness-based interventions for DSM-5 anxiety disorders", Scientific Reports, 11(1), (2021), 20385; L. Salay, et al., "A midline thalamic circuit determines reactions to visual threat", Nature, 557(7704), (2018), 183–189; L. de Voogd, et al., "Eye-movement intervention enhances extinction via amygdala deactivation", Journal of Neuroscience, 38(40), (2018), 8694–8706.

60-61 S. Porges, "Polyvagal theory: A science of safety", Frontiers in Integrative Neuroscience, 16 (2022), 871227.

67 M. Jankowski, et al., "The role of oxytocin in cardiovascular protection", Frontiers in Psychology, 11 (2139), (2020).

74-75 S. Bargal, et al., "Evaluation of the effect of left nostril breathing on cardiorespiratory parameters and reaction time in young healthy individuals", Cureus, 14(2), (2022), e22351.

76-77 See meditationfortherealworld.com/memory

78 E. Kim, et al., "Volunteering and subsequent health and well-being in older adults", American Journal of Preventative Medicine, 59(2), (2021), 176–186; S. Lyubomirsky, et al., "Pursuing happiness: The architecture of sustainable change", Review of General Psychology, 9(2), (2005), 111–131; K. Le Nguyen, et al., "Loving-kindness meditation slows biological aging in novices: Evidence from a 12-week randomized controlled trial", Psychoneuroendocrinology, 108 (2019), 20–27.

80-83 J. Capaldi, et al., "Post-traumatic stress symptoms, post-traumatic stress disorder, and post-traumatic growth among cancer survivors: A systematic scoping review of interventions", Health Psychology Review (2023); B. Chopko, et al., "Associations between mindfulness, posttraumatic stress disorder symptoms, and posttraumatic growth in police academy cadets: An exploratory study", Journal of Traumatic Stress, 35(5), (2022); R. Gotink, et al., "Meditation and yoga practice are associated with smaller right amygdala volume: The Rotterdam study", Brain Imaging and Behavior, 12(6), (2018), 1631–1639; M. Shiyko, et al., "Effects of mindfulness training on posttraumatic growth: A systematic review and meta-analysis", Mindfulness, 8 (2017), 848–858; X. Wen, et al., "Mindfulness, posttraumatic stress symptoms, and posttraumatic growth in aid workers: The role of self-acceptance and rumination", Journal of Nervous and Mental Disease, 209(3), (2021), 159–165.

85-87 S. Allen, "The Science of Gratitude" (white paper), Greater Good Science Center at UC Berkeley (2018); M. Mattson, "Hormesis defined", Ageing Research Reviews, 7(1), (2008), 1–7.

89-91 M. Filipe, et al., "Exploring the effects of meditation techniques used by mindfulness-based programs on the cognitive, social-emotional, and academic skills of children: A systematic review", Frontiers in Psychology, 12 (2021), 660650; N. Gonzalez, et al., "A systematic review of yoga and meditation for attention-deficit/hyperactivity disorder in children", Cureus, 15(3), (2023), e36143; G. González-Valero, et al., "Use of meditation and cognitive behavioral therapies for the treatment of stress, depression and anxiety in students. A systematic review and meta-analysis", International Journal of Environmental Research and Public Health, 16(22), (2019), 4394; D. Simkin, et al., "Meditation and mindfulness in clinical practice", Child and Adolescent Psychiatric Clinics of North America, 23(3), (2014), 487–534; L. Waters et al., "Contemplative education: A systematic, evidence-based review of the effect of meditation interventions in schools", Educational Psychology Review, 27 (2015), 103–134.

92-93 L. Colzato, et al., "Meditate to create: The impact of focused-attention and open-monitoring training on convergent and divergent thinking", Frontiers in Psychology, 3 (2012), 116. 94-95 S. Cohen, et al., "Does hugging provide stress-buffering social support? A study of susceptibility to upper respiratory infection and illness", Psychological Science, 26(2), (2015), 135–147; M. Do an, et al., "The effect of laughter therapy on anxiety: A meta-analysis", Holistic Nursing Practice, 34(1), (2020); A. Dreisoerner, et al., "Self-soothing touch and being hugged reduce cortisol responses to stress: A randomized controlled trial on stress, physical touch, and social identity", Comprehensive Psychoneuroendocrinology, 8 (2021); T. Field, "Touch for socioemotional and physical well-being: A review", Developmental Review, 30(4), (2010), 367–383; K. Light, et al., "More frequent partner hugs and higher oxytocin levels are linked to lower blood pressure and heart rate in premenopausal women", Biological Psychology, 69(1), (2005), 5–21; S. Shiloh, et al., "Reduction of state-anxiety by petting animals in a controlled laboratory experiment", Anxiety, Stress, and Coping, 16(4), (2010), 387–395; K. Stiwi, et al., "Efficacy of laughter-inducing interventions in patients with somatic or mental health problems: A systematic review and meta-analysis of randomized-controlled trials", Complementary Therapies in Clinical Practice, 47 (2022),

101552; A. Tejada, et al., "Physical contact and loneliness: Being touched reduces perceptions of loneliness", Adaptive Human Behavior and Physiology, 6(3), (2020), 292–306; C. van der Wal, et al., "Laughter-inducing therapies: Systematic review and meta-analysis", Social Science & Medicine, 232 (2019), 473–488; J. Yim, "Therapeutic benefits of laughter in mental health: A theoretical review", Tohoku Journal of Experimental Medicine, 239(3), (2016), 243–249.

Chapter 3

98-99 N. Kılıç, et al., "The effect of progressive muscle relaxation on sleep quality and fatigue in patients with rheumatoid arthritis: A randomized controlled trial", International Journal of Nursing Practice, 29(2), (2021). Advance online publication; H. Rusch, et al., "The effect of mindfulness meditation on sleep quality: A systematic review and meta-analysis of randomized controlled trials", Annals of the New York Academy of Sciences, 1445(1), (2019), 5–16; K. Simon, et al., "Progressive muscle relaxation increases slow-wave sleep during a daytime nap", Journal of Sleep Research, 31(5), (2022), e13574.

104-106 B. Barrett, et al., "Meditation or exercise for preventing acute respiratory infection (MEPARI-2): A randomized controlled trial", PloS One, 13(6), (2018); M. Bellosta-Batalla, et al., "Increased salivary IgA response as an indicator of immunocompetence after a mindfulness and self-compassion-based intervention", Mindfulness, 9(3), (2017), 1–9; G. Rein, et al., "The physiological and psychological effects of compassion and anger", Journal of Advancement in Medicine, 8(2), (1995), 87–105.

107-109 B. Barrett, et al., "Meditation or exercise for preventing acute respiratory infection: A randomized controlled trial", Annals of Family Medicine, 10(4), (2012), 337–346; D. Black, et al., "Mindfulness meditation and the immune system: A systematic review of randomized controlled trials", Annals of the New York Academy of Sciences, 1373(1), (2016), 13–24; J. Hadaya and P. Benharash,

"Prone positioning for acute respiratory distress syndrome (ARDS)", JAMA Patient Page, 324(13), (2020), 1361; D. Hofmann, et al., "Acupressure in management of postoperative nausea and vomiting in high-risk ambulatory surgical patients", Journal of Perianesthesia Nursing, 32(4), (2017), 271–278; A. Lee, et al., "Stimulation of the wrist acupuncture point P6 for preventing postoperative nausea and vomiting", Cochrane Database of Systematic Reviews, 2015(11), (2009).

111-113 H. Benson, et al., "The relaxation response", Psychiatry, 37(1), (1974), 37–46; C. Conversano, et al., "Is mindfulness-based stress reduction effective for people with hypertension? A systematic review and meta-analysis of 30 years of evidence", International Journal of Environmental Research and Public Health, 18(6), (2021), 2882; N. Ghati, et al., "A randomized trial of the immediate effect of bee-humming breathing exercise on blood pressure and heart rate variability in patients with essential hypertension", Explore, 17(4), (2021), 312–319; B. Kalyani, et al., "Neurohemodynamic correlates of 'OM' chanting: A pilot functional magnetic resonance imaging study", International Journal of Yoga, 4(1), (2011), 3–6; M. Kuppusamy, et al., "Effects of Bhramari Pranayama on health – a systematic review", Journal of Traditional and Complementary Medicine, 8(1), (2017), 11–16; K. Mills, et al., "The global epidemiology of hypertension", Nature Reviews, Nephrology, 16(4), (2020), 223–227; G. Levine, et al., "Meditation and cardiovascular risk reduction: A scientific statement from the American Heart Association", Journal of the American Heart Association, 6(10), (2017) e002218; G. Trivedi, et al., "Bhramari pranayama – A simple lifestyle intervention to reduce heart rate, enhance the lung function and immunity", Journal of Ayurveda and Integrative Medicine, 12(3), (2021), 562–564.

114-115 G. Fond, et al., "Fasting in mood disorders: Neurobiology and effectiveness. A review of the literature", Psychiatry Research, 209(3), (2013), 253–258; S. Sinha, et al., "Effect of 6 months of meditation on blood sugar, glycosylated hemoglobin, and insulin levels in patients of coronary artery disease", International Journal of Yoga, 11(2), (2018), 122–128; L. DiPietro, et al., "Three 15-min bouts of moderate postmeal walking significantly improves 24-h glycemic control in older people at risk for impaired glucose tolerance", Diabetes Care, 36(10), (2013), 3262–3268.

116-117 S. Breit, et al., "Vagus nerve as modulator of the brain–gut axis in psychiatric and inflammatory disorders", Frontiers in Psychiatry, 9(44), (2018); A. Househam, et al., "The effects of stress and meditation on the immune system, human microbiota, and epigenetics", Advances in Mind-Body Medicine, 31(4), (2017), 10–25; C. Willyard, "How gut microbes could drive brain disorders", Nature, 590(7844), (2021), 22–25.

118-119 I. Goodale, et al., "Alleviation of premenstrual syndrome symptoms with the relaxation response", Obstetrics and Gynecology, 75 (1990), 649–655; M. Lustyk, et al., "Relationships among premenstrual symptom reports", Menstrual Attitude, 2(1), (2011), 37–48; J. Oates, "The effect of yoga on menstrual disorders: A systematic review", Journal of Alternative and Complementary Medicine, 23(6), (2017), 407–417.

120-121 S. Babbar, et al., "Meditation and mindfulness in pregnancy and postpartum: A review of the evidence", Clinical Obstetrics and Gynecology, 64(3), (2021), 661–682; A. Dhillon, et al., "Mindfulness-based interventions during pregnancy: A systematic review and meta-analysis", Mindfulness, 8(6), (2017), 1421–1437; Y. Li, et al., "Effect of mindfulness meditation on depression during pregnancy: A meta-analysis", Frontiers in Psychology, 13 (2022), 963133.

122-123 J. Carmody, et al., "Mindfulness training for coping with hot flashes: Results of a randomized trial", Menopause, 18(6), (2011), 611–620; H. Cramer, et al., "Yoga for menopausal symptoms – a systematic review and meta-analysis", Maturitas, 109 (2018), 13–25; C. Xiao, et al., "Effect of mindfulness meditation training on anxiety, depression and sleep quality in perimenopausal

women", Journal of Southern Medical University, 39(8), (2019), 998–1002.

124-127 G. Durso, et al., "Over-the-counter relief from pains and pleasures alike: Acetaminophen blunts evaluation sensitivity to both negative and positive stimuli", Psychological Science, 26(6), (2015), 750–758; J. Grant, et al., "Pain sensitivity and analgesic effects of mindful states in Zen meditators: A cross-sectional study", Psychosomatic Medicine, 71(1), (2009), 106–114; A. Hanyu-Deutmeyer, et al., "Phantom limb pain", StatPearls Publishing (2022); J. Hudak, et al., "Endogenous theta stimulation during meditation predicts reduced opioid dosing following treatment with mindfulness-oriented recovery enhancement", Neuropsycho-pharmacology, 46 (2021), 836–843; L. May, et al., "Enhancement of meditation analgesia by opioid antagonist in experienced meditators", Psychosomatic Medicine, 80(9), (2018); G. Slavich, et al., "Alleviating social pain: A double-blind, randomized, placebo-controlled trial of forgiveness and acetaminophen", Annals of Behavioral Medicine, 53(12), (2019), 1045–1054; F. Zeidan, et al., "Brain mechanisms supporting the modulation of pain by mindfulness meditation", Journal of Neuroscience: The Official Journal of the Society for Neuroscience, 31(14), (2011), 5040–5048.

128-129 D. Hunter, et al., "Osteoarthritis in 2020 and beyond: A Lancet Commission", Lancet, 396(10264), (2020), 1711–1712; A. Guillot, et al., "Does motor imagery enhance stretching and flexibility?" Journal of Sports Sciences, 28(3), (2010), 291–298; V. Ranganathan, et al., "From mental power to muscle power – gaining strength by using the mind", Neuropsychologia, 42(7), (2004), 944–956.

130-131 R. Kisan, et al., "Effect of yoga on migraine: A comprehensive study using clinical profile and cardiac autonomic functions", International Journal of Yoga, 7(2), (2014), 126–132; A. Sprouse-Blum, et al., "Randomized controlled trial: Targeted neck cooling in the treatment of the migraine patient", Hawai'i Journal of Medicine & Public Health, 72(7), (2013),

237–241; A. Wachholtz, et al., "Effect of different meditation types on migraine headache medication use", Behavioral Medicine, 43(1), (2017), 1–8; Wells, et al., "Effectiveness of mindfulness meditation vs headache education for adults with migraine: A randomized clinical trial", JAMA Internal Medicine (2021).

Chapter 4

134-135 L. Severs, et al., "The psychophysiology of the sigh", Biological Psychology, 170 (2022), 108313; M. Balban, et al., "Brief structured respiration practices enhance mood and reduce physiological arousal", Cell Reports, 4(1), (2023), 100895.

137-139 L. Bernardi, et al., "Dynamic interactions between musical, cardiovascular, and cerebral rhythms in humans", Circulation, 119(25), (2009), 3171–3180; L. Bernardi, et al., "Effect of rosary prayer and yoga mantras on autonomic cardiovascular rhythms: Comparative study", BMJ, 323(7327), (2001), 1446–1449; S. Basu, et al., "Potential of binaural beats intervention for improving memory and attention: insights from meta-analysis and systematic review", Psychological Research, 87(12), (2023); B. Kalyani, et al., "Neurohemodynamic correlates of 'OM' chanting: A pilot functional magnetic resonance imaging study", International Journal of Yoga, 4(1), (2011), 3–6; S-Y. Lu, et al., "Spectral content (colour) of noise exposure affects work efficiency", Noise Health, 22(104), (2020), 19–27; N. Papalambros, et al., "Acoustic enhancement of sleep slow oscillations and concomitant memory improvement in older adults", Frontiers in Human Neuroscience, 11(109), (2017).

140-141 R. Bell, et al., "Dark Nature: Exploring potential benefits of nocturnal nature-based interaction for human and environmental health", Curve (2016); SDSS/APOGEE, "The elements of life mapped across the Milky Way", Sloan Digital Sky Survey (2017).

142-143 A. Bremner, et al., "The development of tactile perception",

Advances in Child Development and Behavior, 52 (2017), 227–268; L. Crucianelli, et al., "The role of the skin in interoception: A neglected organ?" Perspectives on Psychological Science, 18(1), (2023).

144-145 A. Buffey, et al., "The acute effects of interrupting prolonged sitting time in adults with standing and light-intensity walking on biomarkers of cardiometabolic health in adults: A systematic review and meta-analysis", Sports Medicine, 52(8), (2022), 1765–1787; A. Chatutain, et al., "Walking meditation promotes ankle proprioception and balance performance among elderly women", Journal of Bodywork and Movement Therapies, 23(3), (2019), 652–657; A. Gainey, et al., "Effects of Buddhist walking meditation on glycemic control and vascular function in patients with type 2 diabetes", Complementary Therapies in Medicine, 26 (2016), 92–97; F-L. Lin, et al., "Two-month breathing-based walking improves anxiety, depression, dyspnoea and quality of life in chronic obstructive pulmonary disease: A randomised controlled study", Journal of Clinical Nursing, 28(19–20), (2019), 3632–3640; W. Mitarnun, et al., "Home-based walking meditation decreases disease severity in Parkinson's disease: A randomized controlled trial", Journal of Integrative and Complementary Medicine, 28(3), (2022).

149-151 C. Sevoz-Couche, et al., "Heart rate variability and slow-paced breathing: When coherence meets resonance", Neuroscience and Biobehavioral Reviews, 135 (2022), 104567; C. Streeter, et al., "Treatment of major depressive disorder with Iyengar yoga and coherent breathing: A randomized controlled dosing study", Journal of Alternative and Complementary Therapies, 23(3), (2017), 201–207.

153-155 G. Chevalier, et al., "Earthing: Health implications of reconnecting the human body to the Earth's surface electrons", Journal of Environmental and Public Health (2012), 291541; O-H. Kwon, et al., "Urban green space and happiness in developed countries", EPJ Data Science, 10(1), (2021), 28; Q. Li, et al., "Forest bathing enhances human natural killer activity

and expression of anti-cancer proteins", International Journal of Immunopathology and Pharmacology, 20(2), (2007), 3–8; W. Menigoz, et al., "Integrative and lifestyle medicine strategies should include earthing (grounding): Review of research evidence and clinical observations", Explore, 16(3), (2020), 152–160; J. Oschman, et al., "The effects of grounding (earthing) on inflammation, the immune response, wound healing, and prevention and treatment of chronic inflammatory and autoimmune diseases", Journal of Inflammation Research 8 (2015), 83–96; K. Sokal, et al., "Earthing the human body influences physiologic processes", Journal of Alternative and Complementary Medicine, 17(4), (2011), 301–308; U. Thiermann, et al., "Practice matters: Pro-environmental motivations and diet-related impact vary with meditation experience", Frontiers in Psychology, 11 (2020); M. White, et al., "Spending at least 120 minutes a week in nature is associated with good health and wellbeing", Scientific Reports, 9(7730), (2019); M. White, et al., "Associations between green/blue spaces and mental health across 18 countries", Scientific Reports, 11(8903), (2021).

156-157 J. Kabat-Zinn, Mindfulness for Beginners (Sounds True, 2006).

159 J. Hynes, et al., "Positive visualization and its effects on strength training", Impulse (2020); V. Ranganathan, et al., "From mental power to muscle power – gaining strength by using the mind", Neuropsychologia, 42(7), (2004), 944–956; H. Ying, et al., "The wu-wei alternative: Effortless action and non-striving in the context of mindfulness practice and performance in sport", Asian Journal of Sport and Exercise Psychology, 1(2–3), (2021), 122–132.

161-163 R. Lomas-Vega, et al., "Tai chi for risk of falls. A meta-analysis", Journal of the American Geriatrics Society, 65(9), (2017), 2037–2043; N. Sani, et al., "Tai chi exercise for mental and physical well-being in patients with depressive symptoms: A systematic review and meta-analysis", International Journal of Environmental Research and Public Health, 20(4), (2023), 2828; G-Y. Yang, et al.,

"Determining the safety and effectiveness of Tai Chi: A critical overview of 210 systematic reviews of controlled clinical trials", Systematic Reviews, 11(260), (2022).

167-171 K. Datta, et al., "Electrophysiological evidence of local sleep during yoga nidra practice", Frontiers in Neurology, 13 (2022), 9107794; T. Kjaer, et al., "Increased dopamine tone during meditation-induced change of consciousness", Cognitive Brain Research, 13(2), (2002), 255–259; S. Pandi-Perumal, et al., "The origin and clinical relevance of yoga nidra", Sleep and Vigilance, 6(1), (2022), 61–84.

173-175 S. Koch, et al., "Effects of dance movement therapy and dance on health-related psychological outcomes. A meta-analysis update", Frontiers in Psychology, 10 (2019); K. Laird, et al., "Conscious dance: Perceived benefits and psychological well-being of participants", Complementary Therapies in Clinical Practice, 44 (2021), 101440; M. Van Vleet, et al., "The importance of having fun: Daily play among adults with type 1 diabetes", Journal of Social and Personal Relationships, 36(11–12), (2019), 3695–3710.

177-179 M.-P. Celume, et al., "How perspective-taking underlies creative thinking and the socio-emotional competency in trainings of drama pedagogy", Campinas, 39(7), (2022); J. Halamová, et al., "Psychological and physiological effects of emotion focused training for self-compassion and self-protection", Research in Psychotherapy, 22(2), (2019), 358; G. Kaimal, et al., "Reduction of cortisol levels and participants' responses following art making", Art Therapy, 33(2) (2016), 74–80; NeuroArts Blueprint, Johns Hopkins University, Aspen Institute (2021).

감사의 말

DK 출판사와 함께 이 책의 브레인스토밍을 시작할 때부터 지원해준 마이크, 정말 고맙습니다. 이 책을 쓰는 동안 당신이 명상을 발견하는 모습은 저에게 새로운 시각을 선사했을 뿐만 아니라 선불교에서 말하는 '초심자의 마음'을 갈고 닦을 수 있게 해주었습니다.

사라 라자르 박사님, 이 책의 신경과학 내용을 감수해주시고 현재 명상 연구에 관한 전문 지식을 나누어주셔서 감사합니다.

이 책을 세상에 내놓기까지 편집, 디자인 등 수많은 일을 해낸 DK 출판사에 감사드립니다. 먼저 『요가의 과학』을 멋지게 편집했던 루스, DK 출판사와 함께 또 책을 써보라고 해주어서 고맙습니다. 자라와 함께 처음부터 같이 책 제목까지 고민해 준 베키에게 특별히 감사 인사를 전합니다. 그리고 편집 과정에서 저와 긴밀하게 일했던 홀리에게도 큰 고마움을 전합니다. 한밤중에 편집한 내용을 그렇게 깔끔하게 정리하다니, 정말 엄청난 능력의 편집자입니다! 또한 이지, 타냐, 일러스트레이터 미셸, 그리고 이 책을 만드는 데 힘쓴 모든 분께도 감사합니다. 함께여서 가능했던 일이었습니다.

폴 람, 스테파니 무냐즈, 마이클 슬로버, 로리하이랜드 로버트슨, 다이아나 와그너, 조 몰리나리, 셸리 프로스코, 미셸 마르텔로, 그리고 가장 최근에 친해진 메리트 토마스 등 제 선생님과 동료들에게 언제나 고맙다고 말하고 싶습니다. 제 명상 수련과 스타일에 영감을 주는 너무나 멋진 헤더 메이슨에게도 감사를 전합니다.

엘리사 에펠, 스티브 헤인즈, 엘리샤 골드스타인, 에반젤리아 알렉사키, 제스 그루버, 다미주 신경 연구소, 뎁 다나, 앰버 그레이, 저스틴 선세리, 알츠하이머 연구 · 예방 재단 등 이 책에 조언과 연구 검토로 도움을 주신 모든 분께 감사드립니다.

저자

앤 스완슨

MS, 마사지 요법사(LMT), 공인 요가 요법사
(C-IAYT), 요가 지도 전문가(E-RYT500), 세
계적 베스트셀러 『요가의 과학』의 저자다.
원래는 '침착한 사람'이 아니었고, 명상에 쉽
게 빠져든 것도 아니었다. 만성 통증과 불안
을 극복하기 위해 인도에서 요가와 명상을
공부했고, 중국에서 태극권도 배웠다. 메릴
랜드 대학 통합의학 대학원에서 요가 테라
피 석사 학위를 받았다. 현재는 최신 연구와
고대의 지혜를 접목해 실제로 쉽게 할 수 있
는 기법을 개발하고 있다.

이 책과 함께

www.meditationfortherealworld.com
에서 무료 오디오로 명상을 시작해보세요.
저자 인스타그램: @scienceof.yoga
유튜브 구독: Ann Swanson Wellness

공동 저자

사라 라자르 박사

PhD, 하버드 의대와 매사추세츠 제너럴 병
원의 연구원이다. 라자르 연구소에서 요가
와 명상이 임상 조건과 건강한 조건에서 보
이는 효과 이면의 신경 메커니즘을 밝히기
위해 연구하고 있다. 그녀의 연구는 TEDx,
뉴욕타임스, USA 투데이, CNN, WebMD 등
많은 언론에서 다루어졌다. 『요가의 과학』에
조언을 제공했으며, 이 책의 과학 감수자이
기도 하다.

역자

심태은

경희대학교 관광학부 호텔경영 전공 졸업
후 한국외국어대학교 통번역대학원 한영과
를 졸업했다. 다년간 통번역가로 활동했으
며, 현재 번역에이전시 엔터스코리아에서
전문 번역가로 활동 중이다.
주요 역서로는 『다크패턴의 비밀』, 『워싱턴
불렛』, 『세계 문화 여행: 캐나다』, 『공감의 디
자인』, 『구글은 어떻게 디자인하는가』 등이
있다.

일상으로서의 명상

현생에 지친 당신을 위한 가장 쉬운 명상 입문서

발행일 2024년 9월 2일 초판 1쇄 발행
지은이 앤 스완슨
옮긴이 심태은
발행인 강학경
발행처 시그마북스
마케팅 정제용
에디터 최윤정, 양수진, 최연정
디자인 정민애, 강경희

등록번호 제10-965호
주소 서울특별시 영등포구 양평로 22길 21 선유도코오롱디지털타워 A402호
전자우편 sigmabooks@spress.co.kr
홈페이지 http://www.sigmabooks.co.kr
전화 (02) 2062-5288~9
팩시밀리 (02) 323-4197
ISBN 979-11-6862-278-4 (03180)

* 시그마북스는 (주)시그마프레스의 단행본 브랜드입니다.